Sualna, Dihtatna, huleh Vaihawmna Tungtaang

"Amah ahung tun chiangin sualna thu-ahte, dihtatna thu-ahte, huleh vaihawmna thu-ahte khovel a siamlouh daan A hesah diing hi
(Johan 16:8)

Holiness and Power Series (Introduction 1)

Sualna, Dihtatna, huleh Vaihawmna Tungtaang

Kaal-nih Deihtuam a Halhthahna Chialpina Thusoite, Etdihthah

Dr. Jaerock Lee

Sualna, Dihtatna, Vaihawmna Tungtaang
a gialtu Dr. Jaerock Lee
Sundohtu Urim Books (Representative: Johnny. H. Kim)
73, Yeouidaebang-ro 22-gil, Dongjak-gu, Seoul, Korea
www.urimbooks.com

A neitu hihna khaam veh ahi. Hi lehkhabu chu a pumpi hi'n a bawngkhat hitaleh a suahtu phalna bei a bangchizawng ahakhat a teisawn ahiai ahihlouhleh electronik, limnamdoh, khumthoh, ahihlouhleh sil dang zanga suahkhiat phal ahi sih hi.

Kiheetsahna dang a um louhleh, Bible thukisoite laahsawnte chu, Holy Bible, NEW AMERICAN STANDARD VERSION apat kila ahi. Copyright © 1960, 1962, 1963, 1968, 1971, 1972, 1973, 1975, 1977, 1995 The Lockman Foundation in a neih ahi. Phalna toh kizang ahi.

Copyright © 2016 neitu Dr. Jaerock Lee
ISBN: 979-11-263-1293-1 03230
Lehtheihna Copyright © 2013 neitu Dr. Esther K. Chung. Phalna toh kizang ahi.

Sut Khatna December 2016

A masa a Korea haam a Urim Books in Seoul, Korea ah 2011 a sut ahi.

Endihtu Dr. Geumsun Vin
A Cheimawitu Urim Books Cheimawi Pawl
Tanchin kimzaw heetna diingin urimbook@hotmail.com toh kithuzaah in.

Gialtu Thuchah

Simtute midihtat Pathian lungsiatna thupitah leh gualzawlnate mu diing ahung hihna diing va haamtei in....

Bawlthahtu thupitah, Martim Luther a neulai in, siltuaah huaisetah khat a tuaah hi. Nikhat, amah leh a lawmpa guah apat kidalna diingin singkung khat nuaiah a ding va, keeh in a lawmpa a seplum hi. Hikhu siltung jiahin, Luther chu siampu ahung suaah hi, huleh Pathian vaihawm leh sualna mohpaihtu lauhna a thuaah hi. Kiphuanna ah hun tampi zang bei mahleh, sual buaina suhvengna a muzou sih hi. Bible bangzahta in sim mah zongleh, "Mi dihtatlou in bangchiin dihtat Pathian a lungkimsah thei diai?" chih dotna dawnna a muzou sih hi.

Huchiangin nikhat, Paul lehkhathotte a sim laiin, naahtaha ana hawl lungmuanna ahung mudoh khongkhong hi. Romte 1:17 in hichiin a chi hi, "Ajiahchu hu-ah gintaatna diingin ginnain Pathian dihtatna a kilanga; Midihtat chu ginnain ahing diing, chih gelh bangin." Luther chu "Pathian dihtatna" toh kisai ahung khanglou hi. Hichi chiangah Pathian dihtatna kichi mi zousiah tunga vaihawm ahihna chiang chauh ana he mahleh, tuin Jesu Khrist a gingta mi zousiah kawma sual ngaihdamna a thawn a pia Pathian dihtatna, huleh amahuhte 'dihtat' chia ana koupa ahung hedohta hi. Hih heetdohna zoh in, Luther chu thudih lunggulhna si theilou toh a hingta hi.

Hichibangin, Pathian Jesu Khrist gingtate 'midihtat' banga A heet mei hilou in; himahleh sualna, dihtatna, huleh vaihawmna toh kisai ahung heetna diingun Hagau Siangthou silpiaah zong A pia a, huchia amahun Pathian thu a man va huleh A deihzawng thanuamtaha a suhbuchinna diingun. Hujiahin, Jesu Khrist pomna leh midihtat ahung kichihna chiang chauh a i khawl louh diing uh ahi. Hagau Siangthou kithuahpihna toh i sung vapat sual leh gilou paihmang jala midihtat dihtah i hung hih uh chu a poimoh mahmah hi.

A paisa kum 12 sungin Pathian in kum tengin ka kouhtuam vah kaal-nih sung halhthahna chialpi nei a huchia kouhtuam membarte zousiahin ginna tungtawna midihtat hung hihna gualzawlna ahung tan theihna diingun ahung neisah hi. Amah kawma haamteina kituttou zousiah dawnna muhtheihna diing tanchiangah ahung pui hi. Ama'n hagaulam, hoihna, vaah, huleh lungsiatna lam tuamtuam ah zong ahung pui hi, huchia ka hinkhua va Pathian silbawltheihna ka tan theihna diingun.

Huleh, kum hung pai chih ah siangthouna leh silbawltheihna lamah kal ka suan va, Pathian in nam mi tampite Bible a kigial Pathian silbawltheihna hun leh mun peel ah ahung gualzawl hi.

Chialpina thusoite "Siangthouna leh Silbawltheihna," Pathian silphatuam bawlsah thuuhtah thu a tuunkhawm a, huchiin a simtute'n a bana kituaahtaha a a zil theih diingun ka suahdoh uhi. Halhthahna thusoite a kum masa thum sunga teng chu "Pulaahna" bang ahi. Hute chu Pathian leh i kaal va sualna baang suhsiatna tungtawna dihtatna dihtah lampi tawna paina toh kisai ahi. Huchiangin, a ban kum li sunga thusoite in siangthouna leh silbawltheihna, "Thusoi Laimu" hi toh kisai a natohte toh kisai ahung hilh hi. A tawpna ah, a tawpna kum ngaa sunga thusoite Thu manna jala Pathian silbawltheihna bangchi tan diing chih toh kisai a huam hi. Hikhu in hih lehkhasut "Kizatna" toh kisai in na a tong diing hi.

Tuni in, sual bang ahiai, dihtatna bang ahiai, huleh vaihawmna bang hi ahiai chih nasan he lou a hinkho zang mi tampi a um uhi. Biahinn kai gigete'n zong hutdamna kimuanna a nei sih va, huleh khovel a midangte bangin – khovel hin in a hing uhi. Hubanah, Pathian deihna bang dihtatna ah Khristian hinkhua in a hing sih va, hizongleh amahuh ngaihtuahna a dihtatna dungjuiin a hing uhi. Hujiahin Sualna, Dihtatna,

Gialtu Thuchah

huleh Vaihawmna chu Holiness and Power (Siangthouna leh Silbawltheihna) thusoi gual sung lehkhabu khatna i sualnate uh ngaihdamna tang leh i hinkhua va Pathian dihtatna tongdoh a Khristian hinkhua lohching bangchiin i zang thei diviai chih toh kisai thu ahi.

Hih kithuhilhna A silbawltheihna toh namdetna diingin, 1993 ka chialpina ni masapen a hun khatna a, Pathian in kum 5-6 ana kiteengsa nupate nauvomna gualzawlna A chiam a, huleh kum 10 sung mawngmawng nau pai lou zong a um hi. Chialpina bei kuan in, hih nupate tengteng in nau ahung pai va huleh inkuan ahung siamkhe pan uhi.

Geumsun Vin, Editorial Bureau a director leh a seppihte tungah kipaahthu ka soi a, huleh Lalpa minin hih lehkhabu sim mi a tam theilam in a sual buaina uh a suhveng va, huchia a haamteinate uh zousiah dawnna a tang uh ka ngen hi!

March 2009
Jaerock Lee

Pulaahna

Hih lehkhabu, Sualna, Dihtatna, huleh Vaihawmna kichi chu sualna, dihtatna, huleh vaihawmna chih thupi a kilaan in bung ngaa in a kikhen hi. Hih lehkhabu in a bukim in mikhat in bangchiin sual buaina suhvengna a mu thei diai, mikhatin midihtat hung hihna jalin gualzawlna hinkhua ah a hing thei diai, huleh mikhat in vaihawmna hung tung diing a peel thei in huleh kumtuang gualzawlna a tangzaw thei diai chih a hilhchian hi.

Bung khatna sual toh kisai in "Hutdamna" chih thulu in a zang hi. Hikhu in mihing bang jiaha hutdam hi diing huleh hutdamna tanna umzia dihtah leh lampi dihtah a hilhchian hi. A bantaha bung, "Pa, Tapa, leh Hagau Siangthou," in Pathian silbawltheihna leh thuneihna, Jesu Khrist min, huleh Hagau Siangthou makaihna Pathian a Mithumte a natongkhawm tungtaang dihtaha hesiam diingin simtu a mapui hi, huchia mikhat in sual buaina lama suhvenna chiangtah a tan theih a huleh hutdamna lampi a dihtaha a paihtheihna diingin.

"Tahsa Natohte" kichi bung in mihing leh Pathian kikal a ding sualna baang chu a suui a huleh a hilhchian hi. A ban a bung, "Hujiahin Kisiihna toh Um in Gah Suang un," kichi in Jesu Khrist tungtawn a hutdamna bukim tunna diing kisiihna toh um a gah suang poimohdan a hilhchian hi.

A bung nunungpen, "Gilou Hua inla; A Hoih Tudet Tinten in," kichi in, gilou Pathian in A kipaahpihlouh paihmang a huleh thudih Thu dungjuia, hoihna toh gamtaang diingin simtu a hilh hi.

A banah, dihtatna toh kisai hilhtu bung khatna ah, "Dihtatna Hinna a Hung Puitu," in eite – mihing zousiahte –

in bangchidana Jesu Khrist gamtatna dihtah tungtawn a kumtuang hinna mu i hiviai chih a langchiangsah mahmah hi. "Midih chu Ginna Jalin A Hing Diing," kichi bung ah, ginna jal chauh in hutdamna chih heet a poimohdan; huleh huchia ginna dihtah i neih diing jiah uh poimohna ahung hilhchian hi.

Bung 8, "Khrist Thumanna ah," kichi in mikhat in tahsalam ngaihtuahnate leh ngaihdante a suhsiat a huleh Khrist chauh a juih a huchia ginna dihtah nei a huleh gualzawlna a ding hinkhua khangtou a neih a huleh haamteinate a dawn diingdan ahung hilhchian hi. Bung 9, "Lalpa in A Paahtaat Mipa," in naitaha ginna a pate tuamtuam ahung ensaha, huchi kawm in Pathian in A paahtaat mikhat hung hihna diinga mikhat natoh diingdan ahung hilh hi. A bung nunungpen, dihtatna toh kisai chu, "Gualzawlna" a kichi hi. Hikhu chu Abraham – ginna a pa leh gualzawlna chi - hinkhua leh ginna etna ahi a, hikhu chu gingtu khat gualzawlna hinkhua ahung tan theihna diinga zat diing lampi khenkhatte in a jui hi.

Vaihawmna toh kisai bung khatna, "Pathian Thumanlouh Sualna," kichi in, mikhat in Pathian kalha sual a bawl chianga a nungjuitu toh kisai a kheuh hi. A ban bung, "Leitung apat in Mihing Ka Suchimit Diing," kichi in mihing sualna in a tawp a phaah chianga Pathian vaihawmna hung tung diing a hilhchian hi.

"A Deihna kalh in Pai Sin," kichi in, simtute kawmah Pathian vaihawmna chu mikhat in Pathian deihna kalha a pai chiangin a hungtung chih a hilh a; huchiin amahun Pathian thu man chu bangchituha gualzawlna thupi hi a huleh Pathian thu manga hung hi thei ei chih a heetdoh diing uh ahi. "Sepaihte LALPA in A Chi," kichi bung ah, a gialtu in a bukim in mikhat in bangchidana suhdamna leh a haamteina dawnnate mu ahiai chih a hilhchian hi. Ama'n Pathian lau midihtat hung hih poimohna zong a soi hi.

Huleh a bung tawpna, "Sualna, Dihtatna, huleh Vaihawmna," in sual buaina suhvengna; midihtat hung hihna; Pathian hing muhna; Vaihawmna Tawpna hung tung diing pelhna lampi; huleh kumtuang gualzawlna hinna muhna lampi kot a hong hi.

Hih lehkhabu in Jesu Khrist pom a huleh Hagau Siangthou tang eite in hutdamna leh kumtuang hinna i tanna, haamteinate, leh gualzawlna dawnna lampi kichiantahte ahung hilhchian hi. Lalpa min a hih lehkhabu tungtawn in, mi tampite midihtat pasal leh numei Pathian lungkimsahte i hung hih uh chu ka haamteina ahi!

March, 2009
Geumsun Vin
Director of Editorial Bureau

A Sunga Thu Umte

Gialtu Thuchah
Pulaahna

Khen 1 Sualna Tungtaang....

Bung 1 Hutdamna · 3

Siamtu Pathian leh mihing
Pathian leh mihing kikal a sualna baang
Hutdamna umzia dihtah
Hutdamna muhdan
Jesu Khrist tungtawna hutdamna silphatuam bawlsah

Bung 2 Pa, Tapa, leh Hagau Siangthou · 13

Pa Pathian koi ahiai?
Pa Pathian – mihing chituhna a vaisaitu lian
Tapa Jesu Khrist koi ahiai?
Hundampa Jesu Khrist
Hagau Siangthou, Panpihtu koi ahiai?
Hagau Siangthou, Panpihtu Natoh
Pathian a Mithumte in hutdamna silphatuam bawlsah A subuching uh

Bung 3 Tahsalam Natohte · 27

Tahsalam silte leh tahsalam natohte
Tahsalam natohte Pathian lalgam luahna diing apat mihing koihkhetu
Tahsalam natohte chetna

Bung 4 "Hujiahin Kisiihna toh
        Um in Gah Suang un" · 47

Nanguh guul suante
Kisiihna a um in gah suang un
Abraham chu na pa un ngaihtuah sih un
"Singkung gah suang lou photmah phuuh ahi a huleh mei a haal ahi"
Kisiihna toh umna gah
Kisiihna toh um a gah suang mite

Bung 5 "Gilou Hua inla; A Hoih
        Tudet Tinten in." · 63

Gilou sual banga a kilatdan
Gilou paihmang a huleh mi hoih hung hi diingin
Chiamchihna hawl khang gilou leh angkawmte
Gilou a kilang i huat diingte uh

Thumal hilhchianna 1

Khen 2   Dihtatna Tungtaang...

Bung 6   Dihtatna Hinna a Hung Puitu · 83

Pathian mitmuha Dihtatna
Dihtatna mihing zousiah hundam natoh khat
Dihtatna kipatna chu Pathian a gintaatna ahi
Jesu Khrist dihatna phaahzoh diing uh
Midihtat hung hihna diing lampi
Midihtate diinga gualzawlna

Bung 7   Midih chu Ginna Jalin A Hing Diing · 97

Midihtate dihtah hung hihna diingin
Bangdia midihtat i hung hih diing uh ahiai?
Midih chu ginna jalin a hing diing
Hagaulam ginna neih diingdan
Ginna a hinna diing lampi

Bung 8 Khrist Thumanna ah · 109

Tahsalam ngaihtuahna Pathian toh kikalh
"Mahni-Kidihtatsahna" – tahsalam ngaihtuahna pipen khat
Sawltaah Paul in a tahsalam ngaihtuahna a susia
Pathian apat hung kuan dihtatna
Saul in a tahsalam ngaihtuahna toh Pathian thu a mang sih
Ginna tungtawn a Pathian dihtatna suhbuchinna lampi

Bung 9 Lalpa in A Paahtaat Mipa · 123

Lalpa in A paahtaat mipa
Pathian in A pom hi diingin
Na lunggulhte leh deihte kross a kilhbeh in
Pathian maia dihtat pate

Bung 10 Gualzawlna · 137

Abraham, Ginna Pa
Pathian in ginna chu dihtatna in A pom a huleh A gualzawlna A pia hi
Pathian in ze-etna tungtawn in beel hoihtah A siam
Pathian in suahtaatna lampi, ze-etna hun lai nasan in A siam
Pathian in ze-etna hun lai nasan in A gualzawl hi
Abraham beel hihna

Thumal Hilhchianna 2, 3

Khen 3 Vaihawmna Tungtaang…

Bung 11 Pathian Thumanlouhna Sual · 155

Adam, Pathian lim a siam mihing
Adam in neehlouh diing theigah a ne
Pathian thumanlouhna Adam sualna gah
Pathian sia leh pha heetna singkung A koihna jiah
Sual jala haamsiatna apat suahtaatna lampi
Saul Pathian maia thumanlouhna sualna gah
Kaina Pathian maia thumanlouhna sualna gah

Bung 12 "Leitung apat in Mihing Ka Suchimit Diing" · 167

Migilou leh mi hoih kikal kibatlouhna
Bang jiah Pathian vaihawmna hung tung ahiai
* Mihing giitlouna a let jiahin
* Lungtang ngaihtuahna a giitlouh jiahin
* Lungtang siltup chih a giitlouh gige jiahin
Pathian vaihawmna pelhna diingin

Bung 13 A Deihna Kalhin Pai Sin · 179

Pathian deihna kalh a i ding chiangin vaihawmna ahnng tung hi
Pathian deihna kalh a pai mihingte

Bung 14 "Sepaihte LALPA in A Chi…" · 193

Pathian in kisatheite A nual
Kumpi Hezekia kisahtheihna
Gingtute kisahtheihna
Zawlnei tahloute kisahtheihna
Kisathei leh gilou a gamtaang mite diinga vaihawmna
Pathian lau midihte gualzawlna

Bung 15 Sualna, Dihtatna, huleh Vaihawmna · 203

Sual tungtaang
Sual tungtaang bang diinga vaihawm ahiai
Dihtatna tungtaang
Dihtatna tungtaang bang diinga vaihawm ahiai
Vaihawmna tungtaang
Hagau Siangthou in khovel A siamlouhtan
Sual paihmang inla huleh dihtatna hinkhua in hing in

Thumal Hilhchianna 4

Sual Tungtaang

"... sual tungtaang, Kei ahung gintaatllouh jiahun;"
(Johan 16:9)

"Sil bawl hoih lechin pom nahi sih diai mah? Huleh na bawl hoihlouh inchu sual kotkhaah bulah a lum zing ahi. Na kawm lam adeihjawng ahi diinga, nangma'n atungah thu na nei diing hi." (Siamchiilbu 4:7)

"'LALPA na Pathian tunga na tatsualnate leh, singbawh hing nuai chintenga gamdang mite kawma na gamtat thanghuainate leh, ka awging na ngaihkhiaahlouhna na gitlouhnate thupha tawi chauh meiin, LALPA'N a chi hi." (Jeremiah 3:13)

"Chihtahzetin ka hung hilh ahi, Mihing tate a sualna zousiah u'leh, Pathian soisiatna lama a soisiatna zousiahte uh ngaihdam ahi diing va; Hizongleh koipouhHagau Siangthou soisiain chu bangchihtanin ngaihdamna amu sih diinga, kumtuang siamlouhtanna lauhuaiah a um jaw diing hi, a chi a.." (Mark 3:28-29)

"'Banghitaleh leitung ah mihing Tapa in sual ngaihdam theihna anei hi chih na heet na diingun. (jeng a damloupa kawmah) Thou inla, na lupna la inla, na inn ah chiahta in ka hung chi ahi, a chi a." (Luke 5:24)

"Anunglamin Jesu'n amah Pathian biahinnah amu a, a kawmah, Ngaiin, suhdamin na um ta hi, sual kiit nawn sin, huchilouinchu sil hoihlou seem na tungah ahung tung kha diing, a chi a.'" (Johan 5:14)

"Sual hial lou diing Sihna diinga sual suaah hiin, dihtatna diinga thumanna suaah hitaleh, koi kawm pouh ah zong thumang diinga suaah-a na kipiaah unchu, a thu na manpa uh suaah nahi uh chih nahe sih viai mah?" (Romte 6:16)

"KA tate haw, na sual louh na diingun hi thute na kawmvah ka gial ahi. Huleh mi koiaha asual taah leh, Pa kawma hung soipihtu, Jesu Khrist midihtat i nei uhi. Amah chu i sualnate diinga thuphatawina ahi; eiuh sualna chauh hilouin, khovel pumpi sual thuphatawina zong ahi." (1 Johan 2:1-2)

∼ Bung 1 ∼

Hutdamna

"Mi dang kuamah kawmah hutdamna a um sih; vaan nuaia mihingte kawma kipia min lahah hung hundam diing min dang mawng mawng a um sih, a chi a."
(Silbawlte 4:12)

Hih khovel ah, sahkhua leh tawndan a kinga in, mite'n milim chi tuamtuam a bia uhi; 'pa a min i heetlouh' kichi milim nasan a um hi (Silbawlte 17:23). Tuni in, sahkhua 'The Emerging Religion,' kichi, sahkhua tampi thuginte kigawmkhawm a kisiamkhia, in mite a lungsim a la mahmah a, huleh mi tampite'n 'religious pluralism (sahkhua kigawmkhawm),' sahkhua zousiah ah hutdamna a um chih a kinga a pom uhi. Ahihvangin, Bible in Siamtu Pathian chu Pathian dihtah ahi, huleh Jesu Khrist chu Hundampa khat chauh ahi a chi hi (Daanpiaahkiitbu 4:39; Johan 14:6; Silbawlte 4:12).

Siamtu Pathian leh mihing

Pathian chu a um ngei hi. I nulepate'n ahung hinkhiat jiah va i hung um uh mahbangin, mihing chu hih khovel ah Pathian in eite ahung siam jiahin ahung um hi.

Sana neu khat i et chiangun, sana sungah a hiang neuchacha hun hung hilhtu diinga natongkhawm a um uhi. Hizongleh koimahin sana chu en in huleh hikhu chu amah leh amah a hung kigawmkhawm in a ngaihtuah sih uhi. Sana neuchakhat nasan zong mikhat in ana lepkhawm a huleh ana siamdoh jiahin hih khovel ah ahung um hi. Huchi ahihleh vaannuai pumpi chu bang ahitai leh? Sana neukhat toh tehguallouhin, vaannuai chu a buaihuai mahmah a, huleh a lian mahmah a huchiin mihing lungsim a limdangdan a ngaihtuahpha sih va ahihlouhleh a hesiam zou sih uhi. Nisa leh a kiim a sil umte, vaannuai pumpi a diing ning neutakhat chu, hihkhelh um hetlou a kituaahtaha nasem, chih in, Pathian silsiam gintaatlouh chu a hahsa mahmah hi.

Mihing sapum zong a kibang ahi. A kahiang zousiah, a vunhawm leh sil dang tampite chu kituaahtaha leh pilvangtaha nasemkhawm ahi va huchiin a kileptuaahdan leh nasepdan chu a limdang tahzet ahi. Ahihvangin, mihing sapum toh kisai mihingte'n a muhdoh sil zousiah chu heetdoh diing sil zousiah a diinga neukhat chauh ahi. Huchi ahihleh bangchidanin mihing sapum chu amah a hung mawh um ahi i chi thei diai?

Mi koipouh in baihlamtaha a heet theih diinguh etsahna mawltah khat ka hung kum diing hi. Mikhat mai ah, mit nih, naah khat, naahkohawm nih, kam khat, huleh bil nih a um hi. A kileptuahdan chu a tungnungpen ah mit, naah a lailung ah, kam naah nuai ah, huleh bilte mai gei a ning tuaah ah a um hi. Hikhu chu Mivom, Caucasian, ahihlouhleh Asian hitaleh a kibang veh hi. Hikhu chu mite tung chauh ah a dih ahi sih hi. Hikhu chu ganhingte humpibahneite, kamkeite, saite, uite, a dangdangte, huleh va mupite leh vakhute, huleh ngate a diing nasan in zong a dih hi.

'Darwinian evolution' kichi khu a dih bang ahihleh, ganhingte, vate, huleh mihingte chu amahuh umna gam zil in a tuamchiat in ahung kiheng diing uhi. Hizongleh meelpua leh kileptuahdan kibang mahmah veh ahiai? Hikhu chu Siamtu Pathian khat in a leptuah a huleh eite i bawn va ahung siam ahi chih a chian mahmahna ahi. Lim kibang veh a siam i hi uh chu Siamtu chu mi tuamtuam ahi sih a, hizongleh mi khat ahi chih ahung lah hi.

A tuungin kei chu Pathian gingtalou ka hi. Biahinn na kai leh hutdamna na tang thei diing chi mite ka za hi. Ahihvangin, hutdamna kichi bang ahiai, ahihlouhleh bangchi kitan ahiai chih ka he sih hi. Huchiin nikhat, ka gil chu ka kihahngaihtuah taluat jiahin ahung na a, huchiin a ban kum sagih sung vingveng lupna ngaah leh damlou in ka um hi. Zaan tengin, ka nu'n kuang ah tung ahung sung a, Big Dipper lam a en a, huleh a khutte nuaikhawm in, ka damna diingin a haamtei hi. Buddhist biahinn ah zong sum tampi a va pia a, hizongleh ka damlouhna chu a huaise deuhdeuh hi. Big Dipper kichi a dinmun beidothuaitah apat in ahung hundam sih a huleh Buddha nasan in zong ahung hundam tuan sih hi. Pathian ahi. Biahinn ka kai nunga suhdam a um ka hihdan ka nu'n a heet phet in, a milim zousiah paihmang in huleh biahinn a kai hi. Hikhu chu ama'n Pathian chu Pathian khat chauh ahi chih a heetdoh jiah ahi.

Pathian leh mihing kikal a sualna baang

Siamtu Pathian, vaante leh lei siamtu, A um hi, chih chetna chiangtah a um vanga, bang diinga mite'n Amah gingtalou ahihlouhleh kimuhpih utlou ahi viai? Hikhu jiah chu sualna baang in Pathian leh mihing kikal a daaltu a um jiah ahi. Siamtu Pathian chu a dihtat jiahin, huleh Ama'n sualna bangmah a neihlouh jiahin, sualna i neih uleh, Amah toh i kihou thei sih uhi.

A changchang in mi khenkhat, "Sualna ka nei sih," chi a um uhi. Mial a i din leh i puannaah a niin baang i muh theihlouh uh bangin, thudihlou laha i din va ahihleh, i sualnate uh i muthei sih uhi. Hujiahin Pathian gingta i kichih va huleh i hagaulam mitte uh i siin uleh, i sualnate uh i mudoh thei sih uhi. Biahinn chu umze bei keei in i kai uhi. A gah? Pathian mulou leh i haamteina dawnna bangmah mulouin biahinn chu kum 10 ahihlouhleh kum 20 tanpha i kai uhi.

Lungsiattu Pathian in ahung kimuhpih ut a, ahung houpih ut a, huleh i haamteina uh ahung dawn gut hi. Hujiahin Pathian in kuhkaltahin , "Nang leh Kei kikal a sualna baang susia in huchia lungsiatna houlimna i neihtheihna diingin, Tuletua natna leh gimthuaahna na thuaah Ka hung laahkhiatsah theihna diingin lampi hung bawlsah in," chiin koipouh ahung ngen ngutngut hi.

Naupang neu khat in phin bil a khau neu khat a thun sawm chi ni. Hikhu chu naupang neukhat a diingin sil hahsa ahi.

Hizongleh, hikhu chu naupang nulepate a diingin a hahsa sih hi. Hizongleh nulepate'n a ta uh bangchituhin panpih ut mahleh uh, a kal va baang lianpi a um a ahihleh, a nulepa in a ta a panpih thei sih hi. Huchi mahbangin, sualna baang lianpi ei leh Pathian kikal a, a um leh, i haamteina uh dawnna bangmah i tang thei sih uhi. Hujiahin a masapen leh poimohpen ah, hih sual buaina i suhveng va, huleh huchiin hutdamna thu poimohpen suhvengna i tang ngei diing uhi.

Hutdamna umzia dihtah

I khotaang vah, 'hutdamna' kichi chu lam tuamtuam tampi ah zat in um hi. Mi tuikia khat i hutdoh ahihlouhleh mikhat a sumhawlna a lohsam khat i panpih ahihlouhleh mikhat innsung buaina apat i panpih chiangun, amahuh i 'hundam' i chi jel uhi.

Huchi ahihleh Bible in 'hutdam' a chih bang ahiai? Bible dungjuiin, hikhu chu sualna apat a mihing dopsang ahi. Chihchu, hikhu chu Pathian in A deihna mun gamgi sunga puiluutna mun, sual buaina suhvengna a muhna uh huleh Vaangam a kumtuang nopsahna a tanna mun uh ahi. Hujiahin hagaulam thu a mawltaha soi in, hutdamna lutna chu Jesu Khrist ahi, huleh hutdamna inn chu Vaangam, ahihlouhleh Pathian lalgam ahi.

Johan 14:6, Jesu'n, "Kei lampi, leh thudih, huleh hinna Ka hi; Keimah a pailou koimah Pa kawm a tung sih hi." Hujiahin hutdamna chu Jesu Khrist tungtawn a Vaangam luutna ahi.

Mi tampite'n hutdamna thu a soi va huleh hutdamna tan

poimohdan a uangsoi uhi. Huchi ahihleh hutdamna bang diinga mamoh i hi viai? Hikhu jiah chu i hagau a si theilou ahihjiah ahi. Mite a sih chiangun, a hinna uleh a hagau uh a sapum vapat in a kikhen a, huleh hutdamna tangte Vaangam a kai va, huleh hutdamna tangloute Meidiil ah a luut uhi. Vaangam chu Pathian lalgam kumtuang nopsahna umna ahi, huleh Meidiil chu kumtuang natna leh gimthuaahna mun, mei leh kaat diil ahi (Thupuandoh 21:8).

Vaangam leh Meidiil chu a um tahtah munte ahihjiahin, Vaangam leh Meidiil meeng a mu mi a um va, huleh mi tampite hagau in hutobang mun va veh a um uhi. Mikhat in hitobang mite zousiah chu zuau soi chia a ngaihtuah leh, mi luhlul ahi uhi. Bible in Vaangam leh Meidiil toh kisai chiangtaha a soi jiahin, i gintaat uh a ngai hi. Bible in, lehkhabu dang banglou in, hutdamna thu - Siamtu Pathian thusoite, tuuntu ahi.

Bible in mihing kisiamna, huleh bangchidana Pathian in tutan chianga na sem ahiai chih a gial hi. Mihing bangchi sual a, hung gilou a huleh kumtuang sihna tang diinga bangchi um, huleh Pathian in amah bangchi hutdam chi a bukim in a hilhchian hi. Hun paisa, hun um, maban hun, huleh hun nunung a Pathian vaihawmna tawpna toh kisai a gial hi.

Ahi, hih khovel a buaina bangmah neilou a lungmuangtaha i hin uh a poimoh hi. Ahihvangin, Vaangam toh tehin, hih khovel a hinkhua i zat uh chu a tom mahmah a, huleh ahi zual ahi. Kum sawt chu hun sawtpi a bang hi, hizongleh i nung et chiangin, zaanni tobang giap ahi. Leitung a i hun zat dangte zousiah zong a kibang hi. Mikhat in dam in huleh na hahtoh a tong in huleh sil tampi nei mahleh, hih leitung a, a damsung hun a bei chiangin a mang veh diing hi. Hujiahin, hute bang ahiai a lawhna?

Bangzah mu in huleh nei mahlei, kumtuang khovel ah i keng thei sih uhi. Huleh minthanna leh silbawltheihna nei mahlei, i sih chiangin, hute tengteng a mang diinga huleh manghilh ahi diing hi.

Hutdamna muhdan

Silbawlte 4:12, "Mi dang kuamah kawmah hutdamna a um sih; vaan nuaia mihingte kawma kipia min lahah hung hundam diing min dang mawng mawng a um sih." Bible in Jesu Khrist chu ahung hundam thei Hundampa ahi. Huchi ahihleh bang diinga hutdamna Jesu Khrist min chauh toh hithei ahiai? Hikhu jiah chu sual buaina suhveng diing ahi. Hikhu i heetsiam hoihzawhna diingin, Adam leh Evi, mihing zungpi, ah i kilehkiit diing uhi.

Adam leh Evi siamzoh ahih in, Pathian in Adam kawmah silsiam tengteng tunga vaihawm diingin silbawltheihna leh loupina A pia hi. Huleh hun sawtpi, Eden Huan kiningchinna ah, nikhat guul heemna a puuh a huleh sia leh pha heetna singgah a neeh masang un, a hing uhi. Pathian in neeh louh diing A chih theigah neeh a Pathian thumanlouhna jalin, amahuh ah sual ahung luut hi (Siamchiilbu 3:1-6).

Romte 5:12 in hichiin a chi hi, "Huchihjiahin, mi khat jiaha sual khovel a ahung luut a, sual jiaha sihna ahung luut mahbangin mi zousiah ana sual taah jiahin sihnain mi zousiah ajelsuah ta hi." Adam jiahin, sual chu leitung ah ahung luut a huleh mi chinteng sual ah ahung luut hi. Huchiin, mi zousiah tungah sual ahung luut hi.

Pathian in a san umlouin hih mite A hundam meimei sih hi. Romte 5:18-19 in hichiin a chi hi, "Hujiahin mi khat giitlouh jiaha siamlouh tansahna vaaihawmna chu mi zousiah tungah ahung uma; huchibangmahin mi khat dihtatna silbawl jiahin hinna muhna diingin siamtansahna silthawnpiaah chu mi zousiah tungah ahung um hi. Ajiahchu mi khat thumanlouh jiaha mi tampite misual a kihihsah mahbangin, mi khat thuman jiahin mi tampite midihtat hihsah ahi diing uhi."

Hikhu umzia chu mihing zousiah mikhat, Adam, sualna jiah, misualte ahung hi va, mikhat thumanna tungtawn in, mi zousiah hutdam theih ahung hi uhi. Pathian chu silsiam zousiah lutang ahi a, hizongleh Ama'n sil zousiah ahi diing bangtaha um diingin A siam hi (1 Korinthete 14:40); hujiahin Ama'n mikhat Hundampa diing chitna zousiah nei A guanggalh a – huleh huchu Jesu Khrist ahi.

Jesu Khrist tungtawna hutdamna silphatuam bawlsah

Hagaulam daante lahah, "sual man chu sihna ahi (Romte 6:23) chi daan khat a um hi. A lehlam ah, hih sualna apat mikhat hundoh diing daan khat zong a um hi. Hagaulam daan toh tangtaha kizopna nei chu Israel gam hutdamna daan ahi. Hih daan in mikhat a gam a zuaah diing a phalsah a, hizongleh a tawntung a diinga hilouin. Mikhat in sumlam hahsatna jiaha a gam a zuaah leh, bangchi laipouhin, a tanau mihausa khat in a leikiit thei gige hi. Huleh tanau mihausa amah diing hikhu bawlsah thei a neih louhleh, sum a neih chiangin a leikiit thei gige hi (Siampubu 25:23-25).

Sual apat a hutdamna in zong hutobangin na a tong hi. Mikhat chu sualna apat a, a sanggampa hundoh thei diinga chitna a neih leh, a hihthei hi. Hizongleh koi hitaleh, hu mikhat in sual man a piaah diing ahi.

Hizongleh 1 Korinthete 15:21 a kigial bangin, "Bangjiahin ahiai i chihleh mihing jiaha sihna ahung um jiahin, mihing jiah mahin misi thohkiitna zong ahung umta hi," eite sualna apat hung hundoh diing chu mihing ahih diing ahi. Hikhu jiahin Jesu chu hih khovel ah tahsa in – sual hung hi mihing meelpua in, a hung hi.

Mikhat leiba nei in midang khat leiba piaahsah theihna a nei sih hi. Huchi mahbangin, mikhat sualna nei mihing sualna apat in a hundoh thei sih hi. Mikhat in a nulepa tahsa piandan leh umdan a, a sut chauh hilouin, hizongleh a sual umdan vah zong a suun hi. Naupang neukhat i et a huleh naupang dang a nu malpi tunga tou i et leh, naupang in nuammoh a sa a huleh a nu malpi tung apat in sawtkhia a sawm hi. Koimah in huchi diingin hilh sih mahleh, thangsiatna le henna chu amah apat amah leh amah in ahung pawtdoh hi. Naungeeh khenkhat, a gilkial chiangun huleh an a kipiaahpah louhleh, kham zohlouhin ahung kap uhi. Hikhu jiah chu lungthahna sualna a nulepate vapat a kilasawn jiah ahi. Hih sual umzia mite'n a nulepate vapat a kilasawn chu 'sualna bulpi' a kichi hi. Adam suante zousiah chu hih sualna bulpi toh piangkhawm ahi uhi; hujiahin koimahin midang sual apat in a hundoh thei sih hi.

Ahihvangin, Jesu chu Hagau Siangthou apat paia um in ahung piang a, huchiin Ama'n hih sual bulpi A nulepate apat in A lasawn sih hi. Huleh, ahung khanlet chiangin, daan zousiah A mang hi; hujiahin Ama'n sual bangmah a bawl sih hi. Hagaulam lalgam ah, hitobanga sual bangmah neihlouh chu silbawltheihna ahi.

Jesu'n nuamna toh kilhbehna gawtna a tang hi ajiahchu Ama'n mihingte sualna apat hutdohna diingin A hinna nasan phal lungsiatna A neih jiah ahi. Daan haamsiatna apat mihing hutdohna diingin, sing kross tungah A si hi (Galatiate 3:13) huleh sualna bulpi a kitaatbuaah lou ahihlouhleh mahni bawl sual toh kisubuaahlou A sisan luul ahung luangsah hi. Mihing zousiah sualnate zousiah A pe veh hi.

Misualte hutdamna diingin, Pathian in kross tunga sihna tungtawn in A Tapa tang neihsun hinna nasan A hawi sih hi. Hikhu chu i tung va ahung piaah lungsiatna thupitah ahi. Huleh Jesu'n ei uh diinga a lungsiatna chu ei leh Pathian kikal a kilemna sillat hi diingin A hinna ngei pedoh in A chianta hi. Jesu chihlouh, koimah midang hitobang lungsiatna nei, ahihlouhleh eite sual apat hung hundoh diinga silbawltheihna nei a um sih hi. Hite ahi Jesu Khrist tungtawn chauh a hutdamna i tan theihna jiah uh ahi.

‧ Bung 2 ‧

Pa, Tapa, huleh Hagau Siangthou

"Hizongleh Hamuantu, Hagau Siangthou, Pain ka mina ahung sawl diing in, ama'n sil zousiah nanguh ahung hilh diinga, huleh thu na kawmva ka soisa photmah nanguh ahung hedohsah diing hi." (Johan 14:26)

Siamchiilbu 1:26 na et a ahihleh, hichiin a chi hi, "Huin, Pathian in hichiin A chi, 'Ei toh kibang mihing I siam diing uh...'" Hitahah, 'Ei' kichi in Pathian a Mithumte – Pa, Tapa, huleh Hagau Siangthou a kawh hi. Pa, Tapa, huleh Hagau Siangthou te'n mihing siamna leh hutdamna natohna diing ah a nasep uh a tuam chiat hi, ajiahchu Thumte kipatna a kibang ahi. Amahuh chu Pathian a Mithumte ahihlouhleh Pathian Thumte ahi uhi.

Hikhu chu Khristian ginna a thugin poimoh mahmah ahi, huleh hikhu chu Siamtu Pathian kipatna toh kisai thu kiphual ahihjiahin, mihing lemgelna leh heetna buchinglou toh heetsuaah a hahsah mahmah hi. Ahihvangin, sual buaina suhvengna diing leh hutdamna bukim tanna diingin, Pathian a Mithumte Pa Pathian, Tapa Pathian, huleh Hagau Siangthou tungtaang dihtaha i heet uh a ngai hi. Hih heetsiamna i neih chiang chauh un, Pathian tate hihna gualzawlna leh thuneihna i tang diing uhi.

Pa Pathian koi ahiai?

Sil dang tengteng tungah, Pathian chu vaannuai Siamtu ahi. Siamchiilbu bung 1 in bangchidana Pathian in vaannuai siam ahiai chih a langsah hi. Bangmahlou kiikeei apat in, Pathian vaante leh lei chu ni guup sung A Thu toh A siam hi. Huchiin ni guupni in, Pathian in Adam, mihingte pa, A siam hi. Silsiamte laha silbangkim kigualdan leh paikhawmdan et mei in, Pathian chu a hing ahi chih i he thei a, huleh Siamtu Pathian khat chauh a um hi.

Pathian chu bangkim hetu ahi. Pathian a bukim a huleh Ama'n silbangkim A he hi. Hujiahin, maban a sil hung tung diingte Amah toh kinaitaha kithuahna nei mite tungtawn a soilawhna tungtawn in ahung hesah hi (Amos 3:7). Pathian chu bangkimbawlthei zong ahi a huleh bangkim a bawl thei hi. Hujiahin Bible in chiamchihna leh silmahte mihing silbawltheihna leh hihtheihna in a sepdoh theihlouh a gial hi.

Huleh, Pathian chu Amah a um ahi. Pawtdohbu bung 3 ah Pathian Mosi kawma a kilatna i mu hi. Louling kuang ah Pathian in Aigupta apat Pawtdohna lamkai diingin A kou hi. Hih hun ah, Mosi kawmah "KA HIH CHU KA HI," A chi hi. A hihna khat A hilhchian hi, huchu Amah a um ahi. Hikhu umzia chu koimah in Pathian a bawl in, huleh a hingkhe sih hi. Hun kipat masang apat in A um hi.

Pathian chu Bible gialtu zong ahi. Hizongleh, Siamtu Pathian in mihing gamlapi kheel ahihmanin, mihing in Amah toh kisai a veh in A he thei sih hi.

Bible ah, Pa Pathian chu a tuamtuam a kouh in a um hi, a dinmun a kinga in. Pawtdohbu 6:3 ah hichiin a chi hi, "Huleh Abraham, Isaak, leh Jakob kawmah Pathian Bangkimbawlthei bangin Ka kilaah a, hizongleh Ka min, LALPA, in amahuh kawmah Ka kilaahkhia hi." Huleh Pawtdohbu 15:3 ah, hichia gelh ahi, "LALPA chu sepaih ahi; LALPA chu A min ahi." 'LALPA' kichi min in 'amah a um mi khat' chihna chauh hilou in; hizongleh hikhu umzia chu khovel a namte leh a sung um silte zousiah tunga thunei Pathian khat leh dihtah ahi chihna ahi.

'Pathian' kichi thumal chu Amah chu nam, gam, ahihlouhleh, mimal chih toh a um chihna ahi; hujiahin hih min chu Pathian mihing hihna soina ahi. 'LALPA' kichi a lianzaw, Pathian diinga mi taangpi heet diinga ahih laiin, 'Pathian' kichi chu Pathian mihing hihna mimal chih toh hagaulam a kipolhna naitah nei chih soina ahi. "Abraham Pathian, Isaak Pathian, huleh Jakob Pathian" chu hutobang etsahna ahi.

Hih Pathian khu bang a chia 'Pa Pathian' kichi ahiai? Hikhu jiah chu Pathian chu vaannuai pumpi vaihawmtu leh Vaihawmtu lianpen ahih chauh hilou in; hizongleh a poimohpen in, Amah chu mihing chituhna guanggalhna leh sepdohna tunga a saitu lianpen zong ahi. Hih Pathian a i gintaat va ahihleh, 'Pa' i chi thei uhi, huleh A tate hihna dawl ah silbawltheihna leh gualzawlna limdang i tangkha thei uhi.

Pa Pathian: mihing chituhna a vaisaitu lian

Siamtu Pathian in kipolhna dihtah, kingainatah A tankhawmpih diing ta dihtahte neihna diingin mihing chituhna ana pan hi. Hizongleh silsiam zousiah kipatna leh beina a um bangin, mihing khovel hinkhua kipatna leh beihna a um hi.

Thupuandoh 20:11-15 in hichiin a soi hi, "Huleh laltouphah ngou loupitah leh atunga toupa, ama-a 'pata lei leh vaan a taaimangnapa chu ka mu a; amah u'diingin mun mawng mawng muhin a um ta sih hi. Huleh misite, alian, aneu, Pathian ma-a diing ka mu a; huleh lehkhabute a kihong a; huleh lehkhabu dang, hinna lehkhabu zong a kihonga; huleh misite chu hu lehkhabute a kigial bangin a natoh dungjuiun vaihawmsahin a umta uhi. Tuikhanglian in asunga misi umte ahung pawtsah ta a; huleh sihna leh misi khuain asunga misi umte ahung pedoh ta uh; huleh amah u'chu michin a silbawlte uh dungjuia vaihawmsahin a umta uhi. Huleh sihna leh misi khua chu mei diila paihluutin a umta uh. Hichu sih nihna ahi. Huleh koipouh hinna lehkhabua kigial kimulou photmah chu mei diilah paihluutin awm ta uhi."

Hih changvom chu Laltouphah Ngou Loupi Vaihawmna hilhchianna ahi. Mihing chituhna hih leitunga a bei chiangin, Lalpa chu gingtute zousiah la diingin huihkhua ah A hung kiit diing hi. Huchiangin, a hing nalai gingtute chu Huikhu ah laahtouh in a um diing va, hutaha Kum-Sagih Moulopna Ankuangluina a um diing hi. Moulopna Ankuangluina Huihkhua a, a um laiin, Leitung ah kum sagih sung gimthuaahna a um diing hi. Hukhu zoh chiangin, Lalpa Leitung ah ahung kilehkiit diing a huleh kum sangkhat sung vai a hawm diing hi. Huleh kum sangkhat zoh chiangin, Laltouphah Ngou Loupi Vaihawmna a um diing hi. Hih hun ah, Pathian tate, hinna lehkhabu a kigialte, Vaangam ah a luut diing uhi, huleh a min uh hinna lehkhabu a kigialloute chu a natoh uh dungjuiin thutankhum in a um diing va huleh Meidiil ah a pai diing uhi.

Bible i et chiangun, Pathian in mihing A siam a kipat in tuni tan in i mu thei uhi, Pathian in ahung lungsiatdan a kibang zing hi. Adam leh Evi a sual va huleh Eden Huan apat nohdoh ahih nung nasan un, Pathian A deihzawng, A silphatuam bawlsah, huleh sil hung tung diingte midihtat Noah, Abraham, Mosi, David huleh Daniel chihte tungtawn in ahung hesah hi. Tuni nasan in, Pathian silbawltheihna leh umpihna chu i hinkhua vah a um nalai zing hi. Amah dihtaha pom leh Amah lungsiat mite tungtawn in na A tong hi.

Thuhun Lui i et chiangin, hukhu i mu thei uhi ajiahchu Pathian in ahung lungsiat a, sual a puuh louh diingdan leh dihtatna a hin diingdan ahung hilh hi. Sualna leh dihtatna bang ahiai chih ahung hilh a huchia vaihawmna i pelh theihna diingun. HUleh Amah i biah lai un, Pathian hing i manghilh louhna diingun Amah kawma kithoihna laan diingin gualnop lampang koihkhe diingin ahung hilh hi. Amah a gingtate A gualzawl a, huleh a sualte diingin, a sualna vapat a kiheimangna diingin hunlemchang A pia hi – gawtna ahiai ahihlouhleh lampi dang in. A zawlneite zong A deihzawng latsahna diing leh thudih a hinna diingin A zang hi.

Ahihvangin, mite'n thu a mang sih va, hizongleh huchih naah sangin a sual zom jel uhi. Hih buaina suhvengna diingin, Hundampa, Jesu Khrist, kumte kipat masang a ana guatsa ahung sawl hi. Huleh, Amah ahi hutdamna lampi hong huchia mi zousiah ginna jala hutdam ahih theihna diingun.

Tapa, Jesu Khrist koi ahiai?

Mikhat sual bawl khat in midang khat sualna thupha a tawi thei sih hi, hujiahin sualna neilou mi khat a poimoh hi. Hikhu jiahin Pathian Ngei in tahsa ahung puaah a huleh hih khovel a, A hung a ngai hi – huleh hikhu chu Jesu ahi. Sual man sihna ahih jiahin, Jesu'n i sualna uh thuphatawina diinga kross kilhbehna a tan a ngai hi. Hikhu jiah chu sisan pawtsah louh a, sual ngaihdamna a um louh jiah ahi (Siampuu 17:11; Hebraite 9:22).

Pathian silphatuam bawlsahna nuaiah, Jesu chu daan haamsiatna nuaia pa mihingte zalensahna diingin sing kross ah A si hi. A sualnate vapat mihingte hutdoh ahih zohin, a ni thumni in sihna apat in A thoukiit hi. Hujiahin Jesu Khrist chu a Hundampa a pom koipouh chu a sualnate ngaihdam leh hutdamna piaahin a um hi. Jesu, thohkiitna gah masa hung hi bangin, eite zong, i thoukiit diing va huleh Vaangam i luut diing uhi.

Johan 14:6 ah Jesu hichiin a chi hi, "Kei lampi, leh thudih, leh hinna Ka hi; Keimah a pailou koimah Pa kawm a tung sih diing hi." Jesu chu lampi ahi ajiahchu Amah chu Pa Pathian vaihawmna mun Vaangam a mihingte luutna ding lampi ahi; Amah chu thudih ahi ajiahchu Amah chu Pathian Thu tahsa hung suaah huleh hih khovel a hung ahi; huleh, Amah chu hinna ahi ajiahchu Amah tungtawn chauh in ahi mihing in hutdamna leh kumtuang hinna a tan uh.

Amah hih leitung a, A um laiin, Jesu'n Daan a bukim in A jui hi. Israel daante dungjuiin, Amah chu A pian nung ni giatni in teeptan in a um hi. A nulepate toh kum 30 ahihtan A teengkhawm va huleh A mohpuaahna zousiah A subuching hi. Jesu'n sual bulpi a nei sih a huleh sual mawngmawng a bawl sih hi. Hujiahin 1 Peter 2:22 ah hichibangin Jesu tungtaang a kigial hi, ".... Sualna mawngmawng bawllou, A kam a heemna thu bangmah muh diing umlou."

Hun sawtlou nung in, Pathian deihna bangin, Jesu'n A natoh subuching diinga A pawtdoh masang in ni 40 sung anngawlna A pan hi. Pathian hing tungtaang leh vaan lalgam tanchinhoih mi tampi A hilh hi, huleh A chiahna phot ah Pathian silbawltheihna A langsah hi. Pathian chu pathian dihtah ahi chih chiangtahin a langsah hi, huleh Amah chu hinna leh sihna tunga thunei ahi chih A langsah hi.

Jesu hih khovel a, A hungna jiah chu Pa Pathian toh kisai mi zousiah hilh diiing, meelmapa dawimangpa suse diing, eite sual apat hung hundam diing leh kumtuang hinna lampi a hung pui diing ahi. Hujiahin Johan 4:34 ah, Jesu'n hichiin A chi hi, "Ka an chu Kei hung sawlpa deihzawng bawl huleh A na tohdoh ahi."

Hundampa Jesu Khrist

Jesu Khrist chu khovel in a heet mipil thupipen lite laha khat mei ahi sih hi. Amah chu Hundampa mihing zousiah hutdamna diing lampi hongtu ahi; hujiahin mihingte, silsiam meimeite toh a dinmun uh kihengtuah thei diing ahi sih hi. Philippite 2:6-11 i et leh hichiin a chi hi, "Amah chu Pathian banga um hiin, Pathian toh kibanga um chu sil khiaahlah huaiin angaihtuah sih a; Hizongleh amah chu hung kikoihgiamin, suaah bangin ahung uma, mihing banga siamin ahung uma; Huleh mihing limlemeel bang hung puain, ahung kingaingiama, sihna tanphain thu ahung mang hi, kros sihna ngeei chu. Huchihjiahin Pathian in zong amah chu nasatahin a tawisaangta a, min lahlaha min tungnungpeen apeta hi; Huchia Jesu mina mi zousiah, vaan a sil umte, leia sil umte, huleh lei nuaia sil umte a khuupdin a, Lei chintengin, Jesu Khrist chu Pa Pathian loupina diinga Lalpa ahi chih aphuan theih na diigun."

Jesu'n Pathian deihna banga Pathian thu manga huleh Amah leh Amah a kipumpiaah jiahin, Pathian in Amah A jiatlam ah mun sangpen ah A domsang hi, huleh kumpite Kumpi leh lalte Lal A chi hi.

Hagau Siangthou, Panpihtu koi ahiai?

Jesu hih khovel a, A um laiin, hun leh mun huam sungah na A tong hi ajiahchu Ama'n mihing sapum A nei hi. Ama'n tanchinhoih chu Judea, Samaria, Galili gamkaihte ah A thehdalh a, hizongleh gamlazaw gamte ah tanchinhoih A thehdalh thei sih hi. Ahihvangin, Jesu A thohkiit nung in huleh Vaangam a, A kaltouh nungin, Hagau Siangthou, Panpihtu, hun leh mun huam sung pel in mihingte tunga hung tung diing ahung sawl hi.

"Panpihtu" kichi umzia chu: 'zawlnei midang bawlkhelh veeng, hesah, ahihlouhleh panpih' ; 'lemguattu midang hasot leh suhaat' ahi.

Siangthou leh Pathian toh umkhawm in, Hagau Siangthou in Pathian lungtang thuuhtah nasan a he hi (1 Korinthete 2:10). Misual in Pathian in a muh theihlouh bangin, Hagau Siangthou misual sungah A um thei sih hi. Hujiahin Jesu'n kross a si leh eite a diinga A sisan luangsah a ahung hutdoh masang in, Hagau Siangthou chu i lungtang ah ahung luut thei sih hi.

Hizongleh Jesu A sih a huleh A thohkiit nungin, sual buaina suhveng ahi a huleh a lungtang hong leh Jesu Khrist pom koipouh in Hagau Siangthou a tang thei hi. Mikhat ginna jala siamtansah ahih chiangin, Pathian in Hagau Siangthou silpiaah A piaah a huchiin Hagau Siangthou a lungtang a, A teen theihna diingin.

Hagau Siangthou in ahung mapui a huleh ahung puihuai hi, huleh Amah tungtawn in, Pathian toh i kihou thei uhi.

Huchi ahihleh bang chidana Pathianin A tate Hagau Siangthou silpiaah piaah ahiai? Hikhu jiah chu Hagau Siangthou i kawma A hung a huleh i hagau a suhhing kiit louhngal leh – Adam sualna jiaha sisa – thudih ah i luut thei un, ahihlouhleh thudih ah i teeng thei sih uhi. Jesu Khrist a i gintaat va huleh Hagau Siangthou i tan chiangun, Hagau Siangthou i lungtang vah ahung luut a huleh Pathian daante, thudih hi chu ahung hilh hi, huchia hih daante dungjuia i hin va huleh thudih a i hin theihna diing un.

Hagau Siangthou, Panpihtu Natoh

Hagau Siangthou natoh pipen chu eite pianthahna diinga natoh ahi. Piangthahna jalin, Pathian daante i hedoh va huleh hute ah i um sawm uhi. Hikhu jiah ahi Jesu, "Jesu'n adawnga, Chihtahzetin, chihtahzetin ka hung hilh ahi, Mi koipouh tui leh Hagau a apian louhleh Pathian gam a luut sih diing hi. Sa-a piang phot chu sa ahi a; huleh Hagau a piang photmah chu hagau ahi" (Johan 3:5-6). Hujiahin tui leh Hagau Siangthou a i pianthah louhngal leh, hutdamna i tang thei sih uhi.

Hitaha, tui kichi in Pathian Thu – tui hing a kawh hi. Pathian Thu. Ahihlouhleh thudih jala suhsiang leh kiheng bukim i hung hih uh a ngai hi. Huchi ahihleh Hagau Siangthou a piangthah kichi bang chihna ahiai? Jesu Khrist i pom chiangun, Pathian in Hagau Siangthou silpiaah ahung pia a huleh A tate bangin ahung he hi (Silbawlte 3:38). Pathian tate Hagau Siangthou tangte'n thudih Thu a ngaikhia va huleh sia leh pha kikal a khenthei uhi. Huleh lungtang a chih tahtah a, a haamtei chiangun, Pathian in khotuahna leh haatna A Thu dungjuia hin theihna diing A pia hi. Hikhu ahi Hagau Siangthou a pianthahna. Huleh michih diinga hagau a pianna Hagau in A piaahna chiangchiang ah, amah chu thudih in a heng hi. Huleh mimal khat thudih in a henna chiangchiang ah, huchizah ahi Pathian apat hagaulam ginna a tan diing.

Nihna, Hagau Siangthou in i haatlouhnate ah ahung panpih a huleh soi guallouh a maauna toh eite a diingin ahung haamteisah a, huchia eite i haamtei theihna diingun (Romte 8:26). Huleh Amah in beel hoihzaw i hung hihna diingun ahung sukeeh hi. Huleh, Jesu'n "Hizongleh Hamuantu, Hagau Siangthou, Pain ka mina ahung sawl diing in, ama'n sil zousiah nanguh ahung hilh diinga, huleh thu na kawmva ka soisa photmah nanguh ahung hedohsah diing hi" (Johan 14:26), A chih bangin, Hagau Siangthou in thudih ah ahung mapui a huleh maban a sil hung tung diingte zong ahung hilh hilh hi (Johan 16:13).

Hubanah, Hagau Siangthou deihna i man chiangun, Ama'n gah suang diing leh hagaulam silpiaahte ahung tangsah hi. Hujiahin Hagau Siangthou i tan va huleh thudih dungjuia i gamtat uleh, i sungah Ama'n na a sem a huchiin lungsiatna, hamuanna, thuaahtheihna, jainemna, hoihna, ginumna, nunnemna, huleh mahni kithununna gahte (Galatiate 5:22-23) i suang thei uhi. Huleh gingtute i hihna dawl va i hagaulam hinkhua va ei a diinga phatuam diing silpiaahte, pilna thute, heetna thute, ginna, suhdamna silpiaahte, silmahte, soilawhnate tongdohtu, hagaute khentheihna, haam tuamtuamte, huleh haamte lehdohnate ahung piaah hi (1 Korinthete 12:7-10).

Hubanah, Hagaau in i kawm ah thu ahung soi a (Silbawlte

10:19), thupiaahte ahung pia a (Silbawlte 8:29), huleh khatveivei Pathian deihna kalh ahihleh i gamtat diing uh ahung daal hi.

Pathian a Mithumte'n hutdamna silphatuam bawlsah a subuching uhi

Hujiahin, Pa, Tapa, huleh Hagau Siangthou a tuung apat a khat ahi uhi. A tuung in, hih Pathian khat chu, a sunga awging um toh Vaah bangin A um a, vaannuai pumpi vai A hawm hi (Johan 1:1; 1 Johan 1:5). Huchiangin, mun khat ah, A lungsiatna a kikoppih theih diing ta dihtahte a neihna diingin, mihing chituhna silphatuam bawlsah diing A guanggalh pan hi. A tuunga A umna mun khat chu munawng tampi in A hawmzaah a, huleh Pathian a Mithum in A um hi.

Tapa Pathian, Jesu Khrist chu Bulpi Pathian apat hung piang ahi (Silbawlte 13:33; Hebraite 5:5), huleh Hagau Siangthou Pathian chu Pathian Bulpi apat a hung kuan ahi (Johan 15:26; Galatiate 4:6). Hujiahin Pa Pathian, Tapa Pathian, huleh Hagau Siangthou Pathian – Pathian a Mithumte'n mihing hutdamna diinga silphatuam bawlsah A subuching va, huleh Laltouphah Ngou Loupi Vaihawmna masiangsiah A subuchingkhawm diing uhi.

Jesu'n kross a ahung kikhai chiangin, Amah chauh A thuaah sih hi. Pa Pathian leh Hagau Siangthou te'n zong Amah toh na ana sakhawm uhi. Huleh, Hagau Siangthou in A natoh lusuunna leh hih leitung a hagaute a diinga A haamteisahna A suhbuching chiangin, Pa Pathian leh Lalpa zong Amah toh natongkhawm in A um uhi.

1 Johan 5:7-8 ah hichiin a chi hi, "Ajiahchu vaanah heetpihtu

thum a um hi: Hagau, tui, huleh sisan; hi thumte chu khatin a kituaah uhi. " Tui kichi in hagaulam a Pathian Thu nasepna a ensah a, huleh sisan in hagaulam a Lalpa nasepna leh A sisan kross a luang a ensah hi. A nasepna va pangkhawm in Pathian a Mithumte'n gingtute zousiah kawmah hutdamna chetna A pia uhi.

Huleh, Matthai 28:19 in hichiin a chi hi, "Hujiahin chiah unla, nam china mi nungjuui in siam unla, Pa leh Tapa leh. Hagau Siangthou minin baptis un." Huleh 2 Korinthete 13:14 ah hichia gelh ahi, "Lalpa Jesu Khrist hehpihna leh, Pathian lungsiatna leh, Hagau Siangthou kipawlpihna na bawnva tungah umta hen." Hitahah mite'n Pathian a Mithumte min in baptisma tangin huleh vangpiaah in a um uhi.

Hichibangin, Pa Pathian, Tapa Pathian, huleh Hagau Siangthou chu hihna khat, lungtang khat, huleh lungsim ana hi va, mihing chituhna a, A tanmun uh kituaahtahin a kihawmkhen hi. Pathian in chiangtahin Thuhun Lui hun, Pa Pathian ngei in A mite A lamkaih hun; Thuhun Thah hun, Jesu mihingte Hundampa diinga A hungna hun; huleh hun nunung khotuahna hun, Panpihtu, Hagau Siangthou in, A natoh A sepdoh hun in A khen hi. Pathian a Mithumte'n Amah deihnaa huh hunte ah A subuching chiat uhi.

Silbawlte 2:38 in hichiin a chi hi, "" Kisiih in lunghei unla, na sual uh ngaihdam ahihna diingin Jesu Khrist minin baptisma tangchiat un, huchiin Hagau Siangthou silpiah na tang diing uhi." Huleh, 2 Korinthete 1:22 a kigial bangin, "Ama'n [Pathian] chu chiam zong ahung chiamchihta a, huleh i lungtangvah khaamna Hagau ahung peta hi," Jesu Khrist i pom va huleh Hagau Siangthou i tan va ahihleh, Pathian tate hung hihna i tan uh chauh hilou in (Johan 1:12), hizongleh i sualna uh paihmangna diing leh Vaah a hinna diingin Hagau Siangthou mapuina zong i tang thei uhi.

I hinna ahung khantouh chiangin, silbangkim ahung khangtou diinga, huleh hagaulam gualzawlna leh tahsalam chidamna i tang uhi. Huleh khatvei Vaangam a luut kalsiah, kumtuang hinna zong i tang uhi!

Pa Pathian a tanga um hileh, hutdamna bukim i tang thei sih uhi. Jesu Khrist i poimoh uhi ajiahchu i sualnate uh sawpsiang a um in Pathian lalgam ah i luut thei chauh uhi. Huleh i sualnate uh paihmang a huleh Pathian lim i hawl chiangun, Hagau Siangthou kithuahpihna i poimoh uhi. Pathian a Mithumte – Pa, Tapa, huleh Hagau Siangthou – te'n ahung panpih jiahun, hutdamna bukim i tang thei va huleh Pathian i paahtawi thei uhi.

Glossary

Tahsa leh tahsalam natohte

'Tahsa' kichi thumal chu hagaulam etna apat et in i lungtang va thudihlou um natoh a hung kilangdoh kawh sill taangpi khat ahi. Etsahna diingin, huatna, thangsiatna, angkawmna, kiletsahna, huleh hutobangte, hiamngamna, bawlsiatna, tualthahnna chihte ah ahung kilangdoha, hute chu 'tahsalam' a kichi a, huleh hih sualnate chinteng, a malmal a, a kigual chiangin, "tahsalam natohte" a kichi hi.

Tahsa utna, mit utnaa, hinkhua kisahtheihna

"Tahsa utna" kichi in tahsa lunggulhna juia sual bawl diinga mihing umsahtu hihna ahi. Hih silte in huatna, kiletsahna, lungthahna, thasiatna, angkawmna, a dangdang, a huam hi. Hih sual hihna in amahuh suthathou dinmun khat a phuutkha chiangin, tahsa utna ahung pawtdoh pan hi. Etsahna diingin, mikhat in 'midangte 'thukhenna leh mohpaihna' a neih chiangin, amahpa ahihlouhleh amahnu in thuthang a za ut a huleh mi soisiat nuam a sa hi.

"Mit utna" chu sualna mikhat lungtang mit leh bil tungtawn a muh leh zaah jala tohthou a hung um chih a kawh ahi. Mit utna chu hih khovel silte i muh a huleh i zaah tohthou in ahung um hi. Hih silte i paihmang louh va hizongleh hute i laahluut zing va ahihleh, tahsa utna tohthou in a um a, huleh sual i bawl jel uhi.

"Hinkhu kisahtheihna" in mihing a sualna hih khovel nopsahna jui kawm a kiuangsah ahihlouhleh a chapousah a amah leh amah kivawhsang chih a kawh hi.

Bung 3

Tahsalam Natohte

"Huleh tahsa silbawlte chu a kilang hi, huchu hite ahi; aangkawmna, kingaihna, thaanghuaina, huuhna. Milimbiahna, bumna, muhdahna, kihauna, thangsiatna, lungthahna, kilanna, kikhinna, gintuamna, Deihgohna; tualthahna, jukhamna, eltol gualnop bawlna leh huchibang dang dangte ahi; huchibang silbawlte'n Pathian gam a luah sih diing uh, chi-a malaia ka hung hilh taah mah bangin, ka hung hilh khawl hi," (Galatiate 5:19-21, NKJV)

Khristian hun sawtpi gingtu ana hitasate nasan zong "tahsa natohte" kichi thumal a hechiang sih meithei uhi. Hikhu jiah chu dinmun tampi ah kouhtuamte'n sual tungtaang dihtahin a hilh sih uhi. Ahihvangin, Matthai 7:21 a chiangtaha kigial bangin, "Lalpa, Lalpa, hung chi nazong vaan gamah a luut sih diing uh; Hizongleh ka Pa vaana um deihjawng bawlte chu aluut diing uhi," Pathian deihzawng bang hichet ahiai chih i heet uh a ngai a, huleh Pathian in A huat sualna toh kisai i heet chet diing uh ahi.

Pathian muhtheih a natoh dihlouhte chauh "sualnate" ahi

A chi sih hi, hizongleh huatna, enna, thangsiatna, midangte siammohtanna leh mohpaihna, huhamna, lungtang lepchiah, a dangdangte zong sual in A ngaihtuah hi. Bible dungjuiin, "Ginna a lou photmah" (Romte 14:23), a dih bawl diing chih he ngala huleh bawl lou (Jakob 4:17), silhoih ka bawl ut bawllouh, huleh ka bawl utlouh gilou bawlzawh (Romte 7:19-20), tahsalam natohte (Galatiate 5:19-21), huleh tahsalam silte (Romte 8:5) chu a bawn in "sual" a kichi hi.

Hi silte zousiah in eimah leh Pathian kikal a ding baang a siamdoh hi, Isaiah 59:1-3, "Ngaiin, Lalpa khut chu hundam thei lou diingin suhtomin a um siha; a bil zong ja thei lou diingin angong saam sih hi. Hizongleh na thulimlouhnate uh nanguh leh Pathian kaala kiain ahung sukhena, huleh ahung jaah theih louh na diingin na sualnate un a maai aliahsah hi. Bangjiahin ahiai i chih leh na khutte uh sisana suhnitin a uma, na khutjungte uh thulimlouhna a suhnitin a um hi; na kamun juau thu asoia; na muuh uh lelouhna geenin a chiaah nuinui hi.

Huchi ahihleh ei leh Pathian kikal a ding sualna baang khu bang chet ahiai?

Tahsa silte leh tahsalam natohte

A taangpi in, mihing sapum toh kisai a kisoi chiangin, "sapum" leh "tahsa" kichi thumalte a kizangtuah lehleh hi. Ahihvangin, "tahsa" kichi hagaulam soichetna chu a tuam hi. Galatiate 5:24 in hichiin a chi hi, "Tuin Jesu Khrist a umte'n a lunggulh uleh deihzawng uh toh tahsa a kilhbeh uhi." Tuin hikhu chu sapumte a tahtaha kilhbehna chihna ahi sih hi.

A tunga chang umzia i heetsiamna diingun "tahsa" chih thumal hagaulam umzia i heetsiam uh a ngai hi. "Tahsa" chih thumal kizatna zousiah in hagaulam umzia a nei hi. Khatveivei hute in mihing sapum a kawh hi. Hikhu jiahin a thumal chu a chiangzaw a i heetsiam diing uh ahi, huchiin a thu chu hagaulam thu toh a kizat hun leh a kizat louh hun i heetsiam uh a ngai hi.

A bulpi ah, mihing chu hagau, hinna, huleh sapum toh siam ahi a, huleh sual a nei sih hi. Ahihvangin, Pathian Thu a manlouh zoh chiangin, mihing chu misual ahung suaah hi. Huleh, sual man chu sihna ahihjiahin (Romte 6:23), hagau, mihing tunga thu nei, a sita hi. Huleh mihing sapum chu bangmahlou, hun pai dungjuia, bangmahlou, muat, leh khutdim khat leivui ahung suaah hi. Huleh huchia mihing in a sapum sunga sual ahunng pai chiangin, huleh gamtatna ah sual ahung bawl hi. Hikhu ahi "tahsa" kichi thumal hung luutna.

"Tahsa" in, hagaulam thu ah, sual hihna leh thudih hung kehdohna mihing sapum kigawmkhawm a kawh hi. Huchiin Bible a "tahsa" a kisoi chiangin, hikhu in sual gamtat a kilang nailou a kawh a, hizongleh bangchihlaipouha hung umdoh thei a kawh hi. Hikhu in sual ngaihtuahnate, huleh sapum sunga sual chi dangteng zousiah a kawh hi. Huleh hih sualnate zousiah lahah, a kigawm a soi ahih chiangin, "tahsalam silte" a kichi hi.

Soidan tuam in, huatna, kiletsahna, thukhenna, mohpaihna, angkawmna, duhamna, a dangdangte chu a bawn in "tahsa" a kichi hi, huleh hih sualnate chu a mal in "tahsa sil" a kichi hi. Hujiahin hih silte mikhat lungtang a, a thaam sung teng, dinmun dih ah, sual natohnate bangin bangchihlaipouhin ahung pawtdoh thei hi. Etsahna diingin, mikhat lungtang a heemhaatna hihna a um leh, dinmun paahngai ah a chiang mahmah a, hizongleh mikhat dinmun hahsa ahihlouhleh kintaha a nehbeh ahihleh, amahnu ahihlouhleh amahpa in thuzuau ahihlouhleh gamtatna ah midang tungah zuau a soi diing hi.

Hitobang a hung kilangdoh sualnate zong "tahsa" a ahi, hizongleh gamtat a sualna kibawl chinteng chu "tahsa natoh" a kichi hi. Etsahna diingin, mikhat na vuaah ut leh, hih 'lungsim gilou' chu 'tahsa sil' a ngaih ahi. Huleh a tahtaha mikhat na vuaah leh, hikhu 'sual natoh' ahi.

Siamchiilbu 6:3 na et leh, hichiin a chi hi, "LALPA'N hichiin A a chi hi, 'Ka Hagau in mihing a sual kumkhua sih diing, ajiahchu amah zong tahsa ahi." Pathian in kumkhua in mihing a sual sih diiing, ajiahchu mihing chu tahsa ahung suaah hi. Huchi ahihleh Pathian chu i kawm va um lou chihna ahi diai? Ih, hilou. Ajiahchu Jesu Khrist i pomta va, Hagau Siangthou i tangta va, huleh Pathian tate in i piangthahta va, huchiin tahsa a mihing i hi nawn sih uhi.

Pathian Thu dungjuia i hin va huleh Hagau Siangthou mapuina i juih uleh, Hagau in hagau a hing a, huleh hagau a mite in i hung kiheng uhi. Pathian, hagau hi, chu nitenga hagau mite a kihengte toh A umkhawm hi. Ahihvangin, Pathian chu gingta chi a, ahihvanga sual zing leh tahsa natohte bawl zing kawmah A um sih hi. Bible in hitobang mite'n hutdamna a tang thei sih chih a non anon in a soi hi (Psalm 92:7; Matthai 7:21; Romte 6:23).

Tahsalam natohte Pathian lalgam luahna diing apat mihing koihkhetu

Sual laha hin zoh nunga, misual i hih uh kiphawh a huleh Jesu Khrist i pom uleh, tahsa natohte 'sual' a kilang chiang mahmah bawllouh i tum uhi. Ahi, Pathian chu 'tahsalam silte' ah A kipaah sih a, hizongleh 'tahsalam natohte' Pathian lalgam apat eite hung koihkhete ahi zawh hi. Hujiahin, tahsa natohte bawl louh himhim i tup diing uh ahi.

1 Johan 3:4 in hichiin a chi hi, "Sual bawl koipouh in daanbeina a bawl uhi; huleh sual chu daanbeina ahi." Hitahah, "Koipouh sual bawl chu" koipouh tahsalam natohte bawl photmah ahi. Huleh, dihtatlouhna chu daanbeina ahi, ajiahchu dihtatlou na hih leh, gingtu na hi na kichih leh, Bible in hutdamna na tang thei sih ahung chi hi.

1 Korinthete 6:9-10 in hichiin a chi hi, "Mi dihtatloute'n Pathian gam a luah sih diing uh chih na he sih viai mah? Heemin um sih un; kingaihhaatte aha, milembete aha, aangkawmte aha, mihuuhte aha, tohuuhte aha, gutate aha, huaihamte aha, zukhamhaatte aha, mi salhhaatte aha, ahihlouhleh leepgute ahain Pathian gam a luah sih diing uhi."

Matthai bung 13 in chiangtahin hun tawp chianga hitobang mite tunga siltung diing a hilhchiang hi: "Mihing Tapa'n a angelte a sawlkhe diinga, a gam apatin sualsahtute leh silsual bawl zousiah chu a khawm diing uhi; Huleh haaltuina mei ah apaai diing va; hu-ah chu kah leh hagawi a um diing." (vv. 41-42). Hikhu bangchidana tung thei? Hikhu jiah chu sual paihmang sangin, hitobang mite hih khovel thudihlou toh kithumunna hinkhua ah a hing uhi. Hujiahin Pathian mitmuh in, 'buhtah' hilouin, hizongleh 'buhlem' ahizaw uhi.

Huchi ahihjiahin Pathian leh eite kikal ah bangtobang sualna baang i bawl viai chih i hawldoh masat uh a poimohpen a, huleh huh baang i suhchip diinguh ahi. HIh sual buaina i suhveng zoh chiangun Pathian in ginna nei in ahung hethei pan diinga, huleh 'buhtah' bangin i hung khanglian un huleh i hung piching thei uhi. Huleh hikhu i haamteina uh dawnnate i muhtheih hun uleh, suhdamna leh gualzawlnate i tan theih hun uh ahi.

Tahsalam natohte chetna

Tahsalam natohte gamtatte a hung pawtdoh ahih chiangin, sual kibawl lim dihlou leh setah i hung muchiang thei uhi. Tahsalam natohte chetna sangpente chu thanghuaina, siangthoulouhna leh huuhna ahi. Hih sualnate chu huuhna sualte ahi a, huleh hitobang sualnate bawltute'n hutdamna a tang thei sih uhi. Hujiahin, hitobang sualnate a kibaangkha koipouh chu kintaha a kisiih a huleh hih lampite apat a kihei diing uh ahi.

1) Thanghuaina, siangthoulouhna, huuhna

Khatna ah, 'thanghuaina' kichi in hitahah nulepa kikal a thanghuaina a kawh hi. Hikhu chu koppih neilou pasal leh numei a kipolh chiangun ahi. Tuni hun leh khang ah, i khotaang uh sualna a, a dimtaah jiahin, kiten masang a umkhawm chu paidan taangpi ahung hita hi. Ahihvangin, mi ni a kiteeng diing himahleh, huleh kingai himahleh uh, hikhu chu thudihlou a gamtatna a ngaih ahi thouthou hi. Hizongleh, tulaiin, mite a zum nawn sih uhi. Hutobang gamtatna cu sual in zong a ngai sih uhi. Hikhu jiah chu etnop ahihlouhleh cinema kisuahte tungtawn in, khotaang in daanlou banga umna leh kipolhna taangthute thudih apat peetkhete chu 'kilungsiatna tangthu kilawmtah' in a suaahsah uhi. Mite'n hitobang etnop leh cinemate a et chaingun, a sual khentheihna uh lungsim ahung mial a, huleh awl awl in, mite chu sual lamah ahung ngong uhi.

Nulepa a thanghuaina chu hoihna daan apat teh in zong a pom theih het sih hi. Hujiahin hikhu chu Pathian siangthou mitmuhin a pom theih sih sem diai? Mi nih dihtaha a kilungsiat va ahihleh, a masa in, kitenna tungtawn a, Pathian apat heetpihna a tang va, huleh a nulepate uleh a tanaute vapat , huleh, huchia a nulepate uh a nuutsiat va huleh sapum khat ahung hih diing uh ahi.

Nihna ah, nulepa kala thanghuaina chu zi neisa pasal ahihlouhleh pasal neisa numei in a kichiamna siangthou uh a kep louh chiangun ahi. Chihchu, hikhu ch pasal ahihlouhleh zi in a koppih lou utoh kipolhna a neih chiangun ahi. Ahihvangin, angkawmna mite kikal a kipolhna um banah, mite'n a bawl uh hagaulam angkawmna zong a um hi. Hikhu chu mite gingtu a kichih va, huleh milim a biah va ahihlouhleh bumhaatte a va dot va, ahihlouhleh khutlamente ahihlouhleh dawisiamte a va dot chiangun ahi. Hikhu chu hagau giloute leh dawite biahna natoh ahi.

Kisimbu bung 25 na et leh, Israel tate Shittim a, a um laiun, mite'n Moab numeite toh thangtatna a bawl uhi; a pathiante uh zong a bia uhi. Hukhu jiahin, Pathain lungthahna a tung vah a tung a, huleh mipi 24,000 nikhat thu in natna jiahin a si uhi. Hujiahin, mikhat in Pathian gingta a kichih a, huleh milimte leh dawite a, a kingah leh, hikhu chu hagaulam angkawmna ahi, huleh Pathian hembawlna ahi.

A banah, 'siangthoulouhna' chu giitlouhna a pai sau taluat leh ahung nit hun chiangin ahi. Etsahna diingin, angkawmna lung a pai sau taluat chiangin, suamhat khat in a nu leh a tanu khatvei thu in a sual khawm hi. Thangsiatna a pai sau taluat chiangin, hikhu zong 'siangthoulouhna ahung suaah thei hi. Etsahna diingin mikhat a lim tanpha gelh a huleh siihzum a khoh, ahihlouhleh phinzum a kiat chianga mikhat in mikhat a thangsiat chiangin, hutobang ngeina lou a gamtatna chu thangsiatna jiahin ahung umdoh a, huleh hitobang gamtatnate chu 'siangthoulouhna' ahi.

Mikhat in Pathian a gintaat masang in, amahnu ahihlouhleh amahpa huatna, thangsiatna, ahihlouhleh angkawmna sual amahah a nei meithei hi. Adam sualna bulpi jiahin, mi zousiah chu thudihlou toh piangkhawm ahi, huchu mihing umdan kipatna zung ahi. Hih sualna mihing sunga um in a gamgi a pelh a huleh hoihna huang a pelh chiangin, huleh siatna leh natna midang tunga a tut chiangin, hikhu 'siangthoulou' i chi uhi.

'Kingaihna' chu huuhna silte, kingaihna ahihlouhleh suangtuahna chihte a nopsahna hawl ahi, huleh hih sil kihdahhuai zousiah lunggulhna lungtang juia bawl zong ahi. 'Kingaihna' chu 'angkawmna' toh a kibang sih hi chihchu mikhat hinna chu nitengin ah angkawmna ngaihtuahna, thusoite, ahihlouhleh gamtatna in a tawpkang hi. Etsahna diingin, ganhing toh kipawl, ahihlouhleh tohkohuuhna – numei leh numei kingaihna, ahihlouhleh pasal leh pasal kingaihna – ahihlouhleh vanzat zanga um, a dangdang chu 'kingaihna' nuaia gilou gamtatna ahi.

Tuni i khotaang hinkhua ah, mite'n tohkohuuhna chu zahtaatsah diing ahi a chi uhi. Ahihvangin, hikhu chu Pathian kal a pai leh ngaihtuahna pangai kalh a sil ahi (Romte 1:26-27). Huleh, pasalte numeite banga kingaihtuah, ahihlouhleh numeite pasal banga kingaihtuahte, ahihlouhleh hihna kihengte, chu Pathian a diingin pom theih ahi sih hi (Daanpiaahkiitbu 22:5). Hikhu chu Pathian silsiam paidan kalh ahi.

Sualna jiaha khotaang ahung siat chiangin, a dihlou chu kipolhna toh kisai a mihing hoihna leh daante ahi. Khangthu ah, khotaang a kipolhna tawndan ahung siat chiangin, Pathian vaihawmna in a jui hi. Sodom leh Gomarrah leh Pompeii te chu etsahna hikhu etsahna hoihtah ahi. Khovel pumpi a i khotaang kipolhna paidan – bawldih theihlouh diing khop a – ahung dihlou i muh chiangun – Vaihawmna Ni hung naita chih i he thei uhi.

2) Milimbiahna, bumthu, leh kimeelmatna

'Milimte' chu a taangpi in khen in a kikhen thei hi. A khatna chu pathian lim lim leh meel neilou khu meel nei lim khat a siam ahihlouhleh lim bangtobang ahakhat siam a huleh biah theih silkhat a siam ahi. Mite'n a mit utoh muhtheih, a khut va khoih theih, huleh a tahsa va a heet theih uh silte a deih uhi. Hujiahin mite'n sing, suangte, siih, sana, ahihlouhleh dangka mihing, ganhing, vate, ahihlouhleh nga lim in biah diingin a siam uhi. Ahihlouhleh ni, ha, leh aahsite pathian bangin min bangahakhat a pia va, huleh a bia uhi (Daanpiaahkiitbu 4:16-19). Hikhu chu 'milimbiahna' ahi.

Pawtdohbu bung 32 ah, Mosi chu Sinai Taang ah Daan la diingin a kaltou a huleh a hung kilehpah sih a, Israelte'n bawngnou sana ana siam va huleh a bia uhi. Hikhu mu in, Pathian lungthahna a tung vah a tung a, huleh amahuh a suse diing A chi hi. Hulaiin, a hinkhua u chu Mosi kuhkaltaha haamteina jalin hawi in a um hi. Hizongleh hi siltung jiahin, Pawtdoh hun a kum sawmnih tunglamte chu Kanaan gam ah a luut thei sih va, huleh gamdaai ah a si uhi. Hikhu apat in, Pathian in milim bawl a, a mai va kuun a, ahihlouhleh amahuh bia chu bangzaha hua ahiai chih i muthei uhi.

Nihna ah, Pathian sanga i lungsiatzaw uh silkhat a umleh, huchiin hukhu chu milim ahung suaah hi. Kolosite 3:5-6 in hichiin a gial hi, "Hujiahin na tahsa hiang uh lei a umte sulum un; kingaihnate, bolhhohnate, kietlahna hoihloute, utna giloute, huleh duhaamnate, duh-aamna chu milem biahna ahi; Ajiahchu hu silte jiahin Pathian lungthahna chu thumanglou tate tungah atung veu hi."

Etsahna diingin, mikhat in a lungtang a duhamna a neih leh, ama'n Pathian sangin muhtheih silte a lungsiatzaw meithei a huleh sum tamsem muhna diingin Lalpa Ni a kem siangthou sih meithei uhi. Huleh, mikhat in Pathian sanga midang ahihlouhleh silte a duhamna lungtunna diinga a lungtanga a a lungsiatzaw leh – chihchu a zi ahihlouhleh pasal, tate, minthanna, silbawltheihna, heetna, kisuhlimna, television, kimawlna, lungluutna, ahihlouhleh kiheelna chihte – huleh haamtei lou a huleh kuhkaltaha hagaulam hinkhua a hin diing ut lou in a um uhi, hichu milim biahna ahi.

Pathian in milim be lou diinga ahung hilh jiahin, mite'n "Pathian in Amah chauh be diing leh Amah chauh lungsiat diingin ahung hilh eimah?" chia a dot uleh huleh Pathian cu mahni masial a chih uleh, hekhial ahi uhi. Pathian in Amah chu kumpi gilou banga lungsiat diingin ahung hilh sih hi. Ama'n hikhu cu mihing hin diing bangtaha i hin theihna diinga ahung mapui theihna diinga A bawl ahi. Mikhat in Pathian sanga sil dangte a lungsiatzaw a huleh a biah leh, mihing ahihna dawla a mohpuahna a subuching sih a huleh a hinkhua apat sual a paihmang thei sih hi.

A banah, dictionary in 'bumthu' chu "mikhat hagau gilou; dawithu; bumthu panpihna tungtawn a khovel peellama silbawltheihna ahihlouhleh kibumna umsahna diinga natonga silbawltu ahi" chiin a soi hi. Dawithu siamte, leh hutobangte dot chu hikhu nuai ah a um veh hi. Mi khenkhatte'n a ta uh college a luutna diing exam pe diing toh kisai, ahihlouhleh a ngaihzawng uh a kituaahpih ahina moh chih thu siamte kawma dong diingin a pai uhi. Ahihlouhleh innsunga buaina khenkhat ahung tun chiangin, vaangphatna diingin tau ahihlouhleh khau a but uhi. Hizongleh Pathian tate'n hitobang sil i bawl hetlouh diing uh ahi, ajiahchu hitobang silte'n a hinkhua vah hagau giloute a umsah diinga huleh hukhu gah in gawtna huaisezosem a umsah diing hi.

'Zawldeihaai' leh 'haamsiatna' chu midangte heemna lampi ahi, mikhat heemna diinga silguan gilou, ahihlouhleh thaang a awhsahna diing ahi. Hagaulam a et in, 'bumthu' chu mikhat pilkheltaha heemna tungtawn heemzohna natoh ahi. Hujiahin mial in i tuni khotaang vah lampi chinteng ah vai a hawm hi.

'Kimeelmatna' chu mikhat tunga muhdahna ahihlouhleh kigalna leh a siatgawpna diing deihna ahi. Mikhat midang khat toh kimeelmatna nei khat lungtang hoihtaha na suui leh, a kikoih gamla va huleh midang khu a hua hi ajiahchu bangjiah ahakhat in hu mipa a hua hi, ahihlouhleh amah ngaihdan gilou jiahin. Tuin hih migiloute ngaihtuahna in bangtan ahakhat a pelh chiangin, midang tunga siatna tut thei gamtatna ah ahung pawhzaah thei hi; amahuh tunga siatna tungsah thei, soisiatna leh simmohna umsah, huleh gilou natoh hoihlou chintengte.

Samuel bung 16 ah, Lalpa hagau in Saul a nuutsiat toh kiton in, hagau giloute'n amah a subuai uhi. Hizongleh David in a tumging a tum chiangin, Saul chu ahung lungnuam a huleh ahung hoih hi, huleh hagau giloute'n amah a nusia uhi. Huleh, David in Philistine milian, Goliatha chu, a vai suangseh leh suangtang in a sep a huleh Israel nam chu siatna apat in a hundoh a, Saul kawma a hinna ginumna sunga koih in. Ahihvangin, Saul chu David in a vaihawmna a laahsah diing lau in a um a, huleh David thah diinga delhna in kum tampi a subei hi. A tawpna ah, Pathian in Saul A paihdoh hi. Pathian Thu in i meelmate nasan lungsiat diingin ahung hilh hi. Hujiahin koimah toh i kimeelmat louh diing uh ahi.

3) Kihauna, thangsiatna, lungthahna

'Kihauna' chu mite'n amahuh mimal lawhna leh thuneihna chu midangte ma a, a koih va huleh hu diing pan a laah chiangun a um hi. Lungnoplouhna chu a taangpi in duhamna ah ahung kipan a huleh gam lamkaite, gamsung thu a pawl kibawl membarte, innkuan mite, kouhtuam sunga mite, leh mimal kikal a kihauna umsah kituaahlouhna a umsah hi.

Korea khangthu ah gamsung lamkaite kikal kihauna etsahna khat ka nei uhi. Dae Won Goon, Chosun Khang a kumpi nunungpen pa leh a mounu Kumpinu Myong Sung te'n vaihawmna thuneihna toh kisai kinialna a nei va gamdang mite'n a panpih tuaah uhi. Kum sawm val a daih hi. Hikhu in gamsung mangbatna, sepaihte heldohna leh loubawlmite nasan hung heldohna a umsah sawn hi. Hukhu gah in gamsung lamkai tampi thah in a um va, huleh Kumpinu Myong Sung zong Japan mithatte khut ah thah in a um hi. A tawpna ah, hih gamsung vaihawmnte kihauna jiahin Korea in a thuneihna Japante khut ah a hahsuah hi.

Kituaahlouhna chu zi leh pasal kikal, ahihlouhleh nulepate leh tate kikal ah zong a um thei hi. Nupate'n midang thudeih a kingaihkhiahtuah ut tuaah uleh, hikhu in kinialna a tungsah thei a huleh kikhenna tanpha a tungsah thei hi. Nupa kiheeh nasan a um va huleh hikhu in damsung kimeelmatna tanpha a tungsah hi. Kouhtuam a kinialna a umleh, Setan natoh ahung kipan a huleh kouhtuam a khangsah thei sih a, huleh kouhtuam a pawl tuamtuamte a dihtaha a pai diing a daal hi.

Bible a i sim uh bangin, kihauna leh kituaahlouhna siltung tampi i mu hi. 2 Samuel 18:7 ah, David tapa, Absalom, in David tungah helna a bawl a, huleh mihing siing nih, nikhat thu a thah in a um uhi. Huleh, Solomon sih nungin, Israel mallam lalgam Israel leh simlam lalgam Judah in a kikhen a, huleh hukhu nung nasan in, kihauna leh kidouna a umtou zing hi. A diahin mallam lalgam Israel ah, laltouphah chu kituaahlouhna jiahin lauhhuai dinmun ah a um zing hi. Hujiahin, kituaahlouhna in natna leh siatna ahung tut chih he kawm in, midang lawhna diing na hawl a huleh lemna na bawl ka kinem hi.

A banah, 'thangsiatna' chu mikhat midangte apat a kikoih gamlaat a huleh amahuh a huat chiangin a um ajiahchu amah chu amah sanga hoihzaw ahi chia ngaihtuah in a thangsia hi. Thangsiatna ahung khang chiangin, giitlouhna a dim lungthahna ahung piangkhe thei hi. Hikhu in kinialna tungsah kituaahlouhna a umsah thei hi.

Bible na et leh, Jakob zi nih, Leah leh Rachel te, a kithangse tuah va, huleh Jakob a lai vah a um hi (Siamchiilbu bung 30). Kumpi Saul in David, amah sanga mite lungsiatna tahzaw, a thangsia hi, (1 Samuel 18:7-8). Kaina in a sanggampa, Abel, a thangsia a, huleh a that hi (Siamchiilbu 4:1-8). Thangsiatna chu mikhat lungtang gilou a duhamna sulungkim diinga tohthou apat hung kuan ahi.

Thangsiatna na nei chih heetdohna diing lampi baihlampen chu mikhat ahung masawn chianga lungnoplouhna na neih leh neihlouh ah ahi. Hubanah midang chu na hung deih sih diinga huleh a neihsa laahsah na hung ut diing hi. Huleh, midang toh na kitehkaah a huleh na lungkiat leh, hih buaina hung kipatna chu thangsiatna ahi. Hu mipa chu kum, ginna, siltuaah, leh kipatna ahihlouhleh dinmun na kibatpih ahihleh huh mipa thangsiatna na neih chu a baihlam hi. Pathian in 'nang na kilungsiat bangin na innveeng lungsiat in" chia thu ahung piaah bangin, midang khat chu silkhat a ei sanga a kipaahtaatzawh leh, Pathian in amahuh toh kipaah diingin ahung deih hi. Eimah phat i loh va i kipaah bang va kipaah diingin ahung deih hi.

'Lungthahna puaahzaah' chu sunglama lungthahna huleh thunun sawm a umna khel a hung umdoh latsahna ahi. Hun tamzaw ah gah hoihloutah a suang veu hi. Etsahna diingin, hute chu amahuh ngaihdan ahihlouhleh lunggel toh a kituaahlouh chiangin a lungthah va huleh hiamngamna a zang va, huleh tual nasan a that uhi. Lungnoplou a hung um a huleh huh lungnoplouhna latdohsahna in hutdamna a daal hi; ahihvangin, lungthahna gilou na neih leh lungthahna puaahzaah natoh in na gamta meithei hi. Hujiahin, hih silgilou a zung apat na kaihdoh a huleh na paihmang diing ahi.

Hikhu chu Kumpi Saul, David thangsia a huleh amah in mite apat phatna – ama'n a muhtaah phatna, a muh jiaha thah sawm gige, dinmun toh a kibang hi. Bible mun tampi ah Saul in a lungthahna puaahzaah a langsah hi. David chu khatvei teipi in a khoh hi (1 Samuel 18:11). Nob khopi in David galtai ana panpihkha jiah meimei in, Saul in huh khopi chu a susia hi. Hikhu chu siampute khopi ahi a, huleh Saul in pasalte, numeite, naupangte leh naungeehte a that a, huleh bawngtalte, sabiltungte, leh belaamte zong a that hi (1 Samuel 22:19). Hitobang a i lungthah beehseeh leh, sual tampi i khawlkhawm ahi.

4) Kihauna, kimuhdahna, loitumte

'Kihauna' in mite a kikhensah hi. Silkhat in amahuh a phattuamsah louhleh, pawl a siam uhi. Hikhu in mi kinaitaha umte, a deihdan uh kibangte, ahihlouhleh kimu gigete a kawh hi. Hikhu chu pawl dihlou mi sosia, dem, vaihawmkhum leh mohpaihte ahi uhi. Hih pawlte chu innkuan sung, veengsung, leh kouhtuam sung nasan ah a kisiam thei hi.

Etsahna diingin, mikhat in a thunatongtu a deihlouh a huleh amahuhte a pawlpihte ngaihdan kibang neite laha ahung soisiat pat uleh, hikhu chu 'Setan kikhopna' a kichi hi. Hi mite chu vaihawmnba leh mohpaihna jala thunatongtute a diinga dongkholh ahih jiahun, kouhtuam in halhthahna a tang thei sih hi.

'Kimuhdahna' chu loitum siamna leh mahni deihna leh ngaihtuahna juia a midangteng apat kituamkoihna ahi. Etsahna khat chu kouhtuam a pawltuam satna ahi. Hikhu chu Pathian deihna hoih kalh a paina, mikhat ngaihdan chu a ngaihdan dihpen ahi a, huleh silbangkim chu mahni lawhna diinga bawl diing ahi chih ngaihdan haattah jala umdoh ahi.

David tapa, Absalom in a pa a heem a huleh a hel hi (2 Samuel bung 15), ajiahchu ama'n a duhamna a jui hi. Hih helna hun ah, Israelte tampi, Ahitophel, David thumoptu nasan in, Absalom a jui a huleh David a lepchiahsan hi. Pathian in hitobang mite tahsalam natohte tongtute A nusia hi. Hujiahin, Absalom leh amah lama pang mite zousiah chu zoh in a um va huleh a tawpna uh a dahhuai hi.

'Kihilhna dihlou' chu Lalpa nual mite, amahuh tunga siatna kintah umsah, tungsahte gamtatna ahi (2 Peter 2:1). Jesu Khrist in A sisan chu eite hutdamna diingin A luangsah hi, eite sual laha i um laiun; hujiahin Ama'n A sisan in ahung lei chih chu a dih hi. Hujiahin Pathian a gingta i kichih va hizongleh Siangthou Mithumte i nual va, ahihlouhleh Jesu Khrist eite A sisan hung leitu i nual uleh, hikhu chu eite tunga siatna kitut toh kibang ahi.

Kithuhilhna dihlou chih umzia dihtah helou a, mite'n amahuh toh midangte neukhat kibatlouhna a um jiaha kithuhilhna dihlou chia ngoh leh a mohpaih hun uh a um hi. Ahihvangin, hikhu chu sil bawl diinga lauhhuai mahmah khat ahi a, huleh hikhu chu Hagau Siangthou natoh daalna nuai ah a ke thei hi. Mikhat in Pathian a Mi Thumte - Pa, Tapa, huleh Hagau Siangthou a gingtaat a, huleh Jesu Khrist a nual louh leh, amahuh chu kithuhilhna dihlou chiin i mohpaih thei sih hi.

5) Enna, tualthahnate, zukhamna, nopchetna

'Enna' chu natoh a kilang thangsiatna ahi. Thangsiatna chu ahi diing banga sil a pai louh chianga midangte ngohbawl ahihlouhleh deihlouhna ahi, huleh enna chu midangte tunga siatna tut natoh semdoh diinga ngohbawlna in mikhat a tohthouna mun ahi. A taangpi in, enna chu numeite lahah a kimu tam a, hizongleh pasalte laha zong a um thei mahmah hi; huleh ma ahung sawn touh jel leh, tualthahna bang sual huaisetah a tut thei hi. Huleh tualthahna chianga a khanlet leh, midang vauna ahihlouhleh suhnatna, ahihlouhleh midang tunga silhoihleh lunggelna chihte nei thei diing khop giitlouhna natohte chiang a tung hi.

A banah, 'zukhamna' a um hi. Bible ah, tuilian a vaihawmna zoh a, Noah in zu a dawn a, zu ahung kham a, huleh sil a bawlkhelhna i mu uhi. Noah zukhamna in a tawpna ah Noah in a tapa nihna, a haatlouhn phuanglaahtu a haamsiatna a tungsah hi. Ephesite 5:18 in hichiin a chi hi, "Huleh uain khamin um sih unla, hu a'chu kisuum louhna a um hi; hizongleh Hagau a dimin um jaw un." Hikhu umzia chu zukhamna chu sual ahi.

Bible in mi zukhamte a gelhna jiah chu Israel in gamdaai mungaw tampi a nei a, huleh tui chu a vaang mahmah hi. Hujiahin, grep zu, huleh theiga hum mahmah dangte apat a kibawl dawntheih dang zu phalsah ahi (Daanpiaahkiitbu 14:26). Ahihvangin, Israel mite'n tui luangin zu a dawn uhi; hizongleh kham zen dawn diingin a kidaih sih hi. Hizongleh tuni in i gam vah, dawn diing tui tam mahmah umna ah, zu ahihlouh khamtheih dawn ding a poimoh sih hi.

Bible ah, Pathian in zu chihte gingtute'n a dawn diing uh A deih sih chih i mu thei uhi (Siampubu 10:9; Romte 14:21). Thupilte 31:4-6 ah hichia gelh ahi: "Aw Lemuel, kumpipate a diing ahi sih, uain dawn kumpipate a diing ahi sih; zu khauh hi laltate a diing ahi sih hi. Huchilouin chu a dawn diing va, daan a mangngilh diing va, gimthuaahte koiaha vaihawmna a kaaikawi kha diing uhi. Zu khauh chu beimang diinga kipeihsate kawmah pia inla, huleh milungngaite kawmah uain piain."

"A hun chet, kham khop louh dawn a poi diaimah?" na chi meithei hi. Hizongleh neukhat na dawn zongleh, 'neukhat na kham' diing hi. 'Neukhat chauh' hizongleh na kham thouthou hi. Na kham chiangin, na kideeh thei sih a, hujiahin mi haamtamlou leh nunnem hizong lechin, zu na kham chiangin na hung huham diing hi. Mi khenkhat giloutaha hung haam leh huhamtaha gamta, ahihlouhleh buaina bawl a um uhi. Huleh, zukham in ngaihtuahna leh heetsiamna taahsapna a tut jiahin, mi khenkhatte'n sual chi tuamtuam bawl in ahung um uhi. Mite zu ahah dawn jiah va a damtheihna uh susia leh zungolvei a, a tung uleh a ngaihte uh tung va natna kitungsah a um va a ngaihtuahhuai uhi. Hizongleh dinmun tampi ah, zudawn bangchituha poi ahiai chih he mahleh uh, khatvei a kipat kalsiah uh, a khawl thei nawn sih va, huleh a hinkhua uh a suse tou zing uhi. Hikhu jiahin, 'zukhamna' in 'sual natohte' tampi a huamkha hi.

"Nopchetna' nuai ah sil tampi a um hi. Mikhat chu zudawn, kimawlna, lehkhakapna, leh hutobangte a, a kibual beehseeh a, innsungpa ahihna dawla a mohpuaahna a zohlouh a, ahihlouhleh pa khat ahihna a, a ta a etkol theihlouh leh, Pathian in hikhu chu 'nopchetna' in a ngai hi. Huleh, mahni kideeh zohlouhna leh huuh leh kingaihna a, a chen a huleh hinkhua thanghuai a, a hin a, ahihlouhleh na ut banga na gamtat leh hukhu zong 'nopchetna' ahi.

Tuni khotaang a buaina dangkhat chu sil kisiamdoh leh min neite deihna in mikhat nopchetna a kibual a suaahsah hi. Mite'n 'designer' te bawl sakhau neu, puansilh, keengtophah, a dangdang, a lei zohlouhte uh 'credit card' zangin a lei va, huleh hikhu in leiba tampi a neisah hi. A bat dit zoulou in mi khenkhatte'n sual a bawl va ahihlouhleh a kithat uhi. Hikhu a duhamna jiah va mahni kideeh zoulou, nopchetna deh, huleh a gah a lou diing mite ahi uhi.

6) Huleh hutobangte...

Pathian in a tunga kisoisa tahsa natohte banah a dang tampi a um hi chih ahung hilh hi. Ahihvangin, 'Hih sualnate tengteng ka bangchi suhmang diai?' chia ngaihtuah in a kipatna a i tawpsanpah diing uh ahi sih hi. Sualna tampi nei zongleh chin, na lungtang a thutanna khauhtah na bawl a huleh na hahpan leh, hutobang sualnate na khawlsan thei diing hi. Tahsa natohte na bawl sawm laiin, silhoih bawl diinga pan hah laah a na laah a, huleh tawploua na haamtei leh, Pathian khotuahna na mu diinga huleh kihenna silbawltheihna na nei diing hi. Hikhu chu mihing silbawltheihna toh a hithei sih a, hizongleh Pathian silbawltheihna toh bangkim a hithei hi (Mark 10:17).

Tahsa natohte na bawl zing a ahihleh Pathian lalgam na luah thei sih diing chih za a huleh na heet nung nasan a sual leh nopchetna laha khovel mite banga na hin leh bang a chi ta diai? Huchiin nang chu tahsa mi, chihchu 'buhlem' na hi a huleh hutdamna na tang thei sih hi. 1 Korinthete 15:50 in hichiin a chi hi, "Hizongleh unaute, hichu ka soi ahi, tahsa leh sisanin Pathian gam a luah thei sih a; muattheiin zong muattheihlouhna a luah thei sih hi." Huleh, 1 Johan 3:8 in hichiin a chi hi "Sual bawl mi chu diabol a kuan ahi, ajiahchu diabol in a chiil a'patin sual a bawl zing hi."

Tahsa natohte i bawl va huleh Pathian leh eite kikal a sualna baang ahung khang a, huchiin Pathian i mu thei sih va, i haamteina uh dawnna i tang thei sih va, ahihlouhleh Pathian lalgam, chihchu Vaangam i luah thei sih uhi.

Ahihvangin, Jesu Khrist na pom a huleh Hagau Siangthou na tan jiah mei in, thakhat in tahsalam natohte zousiah apat in koihtuam in na um chihna ahi sih hi. Hizongleh Hagau Siangthou panpihna toh, siangthouna hinkhua a nah in sawm a, huleh Hagau Siangthou meikuang toh na haamtei diing uh ahi. Huchiin khat khat in tahsalam natohte na paihmang thei hi. Na paihmang nai louh tahsalam natohte tamlou na neih nalai leh, na theihtawp na suah leh, Pathian in tahsa mi aung chi sih diinga, hizongleh A ta ginna jala midih hung hi ahung chi diinga huleh hutdamna ah ahung pui diing hi.

Hizongleh hikhu chu tahsa natohte tong diinga dinmun bangtan ahakhat a na umden diing chihna ahi sih hi. A polam a kimuthei tahsalam natohte na paihmang sawm diing chauh hilou in, hizongleh a polam a kimuthei lou tahsalam natohte zousiah zong na paihmang sawm diing ahi. Thuhun Lui hun ah, tahsalam silte paihmang a hahsa hi ajiahchu Hagau Siangthou ahung tung nai sih a huleh amahuh thahatna chauh toh ana bawl uh a ngai hi. Tuin Thuhun Thah hun a, bangteng hileh, Hagau Siangthou panpihna toh tahsa silte i paihmang thei va huleh i hung siangthou thei uhi.

Hikhu jiah chu Jesu Khrist in kross a A sisan jala i sualnate zousiah uh ahung ngaihdam zoh a huleh Hagau Siangthou, Panpihtu, ei a diinga ahung sawltaah jiahin ahi. Hujiahin, Hagau Siangthou panpihna na hung tan a huleh tahsa natohte leh tahsa silte ousiah na paihmang a huleh Pathian ta dihtah banga heetphaah a um na hung chiat uh chu ka haamteina ahi.

Bung 4

"Hujiahin Kisiihna toh Um in Gah Suang un"

"Huin Jerusalem leh Judia gam pumpi leh Jordan kiimvela umte zousiah a kawmah a chiah va, A sualte uh thupha tawiin Jordan lui ah amah baptisma tansahin a umta uhi. Hizongleh ama'n Pharisaite leh Sadukaite tampi a kawma baptisma tang diinga hung amuh tahin, a kawmvah, Guul suante o, lungthahna hung tung diing taisan diingin kua'n ahung thuhilh ei? Hujiahin kisiihna min putaahin gah suang un; Huleh Abraham ka pu uh ahi chiin kingaihtuah sih un; ajiahchu Pathian in hi suangte haw Abraham tatein a dingsah thei hi, chih ka hung hilh ahi. Huleh tuin zong singbul chinah heita koih ahita hi; hujiahin sing chin gah hoiha gah lou photmah chu kiphuuha meia kipaailuut veu ahi."
(Matthai 3:5-10)

Johan chu zawlnei Jesu pian masanga piang leh 'Lalpa a diinga lampi ana sialtu' ahi. Johan in a hinkhua siltup a he hi. Hujiahin, a hun ahung tun in, Jesu, Messiah hung pai diing, toh kisai tanchin ginumtahin ana thehdalh hi. Hulaiin, Juda mite'n Messiah a gam uh hundam diing ana ngaah uhi. Hikhu jiahin

Johan Judea gamdaai ah a kikou a, "Kisiih un vaan lalgam a naita hi!" (Matthai 3:2) a chi hi. Huleh a sualnate kisiihte, tui in a baptis a huleh Jesu chu a Hundampa va pom diingin a makaih hi.

Matthai 3:11-12 in hichiin a chi hi, "Kenchu kisiih na diingin tuiin ka hung baptis ngeei a; Hizongleh ka nunga hungpa chu kei saangin aloupi jaw a, A keengtophah tawi taah zong ka hi sih hi; Ama'n chu Hagau Siangthou leh meiin nanguh ahung baptis diing hi. A khutin a pasiseep a tawia, a phual chu a jap siang tinten diing; huleh a buhte chu a pangah a koihkhawm diinga; Hizongleh asii chu mei mitthei louin a haaltum diing hi." Johan in mite kawmah Jesu, Pathian Tapa hih khovel a hung, chu i Hundampa ahi huleh i Vaihawmtu uh ahung hi diing hi chiin a hilh malawh hi.

Johan in Pharisaite leh Sadukaite tampi baptis a um diing hung pai a muh chiangin, "guul suante" ana chi a huleh ana thuhilh hi. Ama'n hikhu chu amahun kisiihna gah a suang louh uleh, hutdamna tang theilou diing ahihjiahun a bawl hi. Hujiahin, Johan taihilhna hutdamna muhna diinga bang tobang gah suang diing i hiviai chih muhchiangna diingin naitahin i en diing uhi.

Nanguh guul suante

Pharisaite leh Sadukaite chu Juda sahkhua kahiangte ahi uhi. Pharisaite chu 'koihtuam' bangin a kisathei mahmah uhi. Midihte thohkiitna leh migiloute vaihawmna a gingta uhi; Mosi Daan leh upate tawndan khauhtahin a jui uhi. Hujiahin khotaang a, a dinmun uh a sang mahmah hi.

A lehlam ah, Sadukaite chu siampulalte biahinn a lungluutna neite ahi va, huleh a ngaihdan uleh paidan uh Pharisaite toh a kibang het sih hi. Rom solkal nuaiah gamsung vai toh kisai dinmun a nei va, huleh thohkiitna, hagau kumtawn hihna, angel, leh hagaulam silhingte toh kisai a gingta ut sih uhi. Pathian lalgam nasan zong tomkhat sil a diingin a ngaihtuah uhi.

Matthai 3:7 ah, Baptistu Johan in Pharisaite leh Sadukaite, "Guul suante o, lungthahna hung tung diing taisan diingin kua'n ahung thuhilh ei?"chiin a taihilh hi. Pathian a gingtute a, a kikoih lai va, bang jiah a "guul suante" chi ahiai.

Pharisaite leh Sadukaite te'n Pathian a gingta in a kichi, huleh Daan a hilh uhi. Ahihvangin, Pathian Tapa, Jesu a pom sih uhi. Hikhu jiahin Matthai 16:1-4 in hichiin a chi hi, "Pharisaite zong Sadukaite toh ahung va, amah je-etna diingin vaana kipan chiamchihna amahuh ensah diingin a ngeen va. Ama'n a dawnga, a kawmvah, Nitaahlam chiangin, khua apha diing hi'nte mei san a suaah, na chi veu uhi. Huleh zingkaal chiangin, Tuni'n khua ase diing hi'nte mei san a suaaha a ngiamkaai, na chi veu uhi. Nanguh milepchiahte o, vaan umdaan na hesiam va; Hizongleh hun chiamchihna na he sih uh. Khangthah gilou leh aangkawm haatte'n chiamchihna a bawl uh; Hizongleh zawlnei Jonah chiamchihna loungal a dang a kipe sih diing, a chi a. Huleh amahuh anusia a, a chiahta hi."

Huleh, Matthai 9:32-34 in zong hichiin a gial hi, "Huleh amahuh a pawt lai un, ngaiin, mi haamtheilou dawimat khat a kawmah ahung puui va. Huleh dawi chu a nohdoh tahin, haamtheilou chu a hung haamta a; huin mipite'n thumah asa mahmah va, Israelte lahah hitobang sil a kimu ngei sih, a chi va. Hizongleh Pharisaite'n chu, Dawimaangpa jala dawite a nohdoh ahi,' a chita va." Mi hoih khat in nuam in Pathian a paahtawi diing hi, Jesu'n dawi khat a nohdoh jiahin. Hizongleh Pharisaite'n Jesu a hua va huleh a vaihawmkhum va huleh Amah a mohpaih uhi, dawimangpa natoh tong ahi chi in.

Matthai bung 12 ah, mite'n, Sabbath ni a mikhat suhdam a dih ahihlouhleh dihlou chih dong in, Jesu a ngohna diing jiah uh a hawlna uh i mu uhi. A siltup uh he in, Jesu'n Sabbath ni a natoh hoih sep a dih hi chih hilhna diingin Sabbath ni a kokhuuh a kia belaam toh kisai etsahna A pia hi. Huchiin mikhat a khut gaw A sudam hi. Ahihvangin, hih siltung apat a zildoh sangin, Jesu thah a tum uhi. Jesu'n a bawl theihlouh u silte A bawl jiahin, Amah a thangsia uhi.

1 Johan 3:9-10 hichiin, "Mi koipouh Pathian a piangin sual a bawl ngei sih; ajiahchu a chi amahah a um hi; huleh Pathian a piang ahihjiahin sual a bawl thei sih hi. Hikhu-ah Pathian tate leh diabol tate a kihethei hi; mi koipouh dihtatna bawllou chu Pathian a kuan ahi sih hi, huleh a unau lungsiatlou zong Pathian a kuan ahi sih hi." Hikhu umzia chu sual bawl mi chu Pathian apat ahi sih hi.

Pharisaite leh Sadukaite'n Pathian gingta a kichi va, huleh amahuh chu giitlouhna a dim ahi uhi. Tahsalam silte, thangsiatna, huatna, kiletsahna, huleh thutankhum leh mohpaihna chihte a bawl uhi. Tahsalam natoh dangte zong a bawl uhi. Daan juihna leh paidan chauh a delh va huleh khovel zahumna a hawl uhi. Setan, guul teeh, thuzohna nuaiah a um uhi (Thupuandoh 12:9); hujiahin Baptistu Johan in 'guul suante' chiin a kou hi, hikhu ahi ama'n a soinop pentah.

Kisiihna a um in gah suang un

Pathian tate i hih va ahihleh, vaah nuaia i um diing uh ahi ajiahchu Pathian Vaah ahi (1 Johan 1:5). Mial a i um va ahihleh, Vaah kalh a um khu, Pathian tate i hi sih uhi. Dihtatna, huchu

Pathian Thu ahi, a i gamtat louh uleh, ahihlouhleh ginna a i sanggamte i lungsiat louh uleh, Pathian a i hi sih uhi (1 Johan 3:10). Hutobang mite'n a haamteina uh dawnna a mu thei sih uhi. Hutdamna Pathian natoh muh sanga ngiamzo tham a mu thei sih uhi.

Johan 8:44 in hichiin a chi hi, "Nang u'chu na pa uh diabol a hung kuan nahi uh, huleh na pa uh deihjawng na bawl ut uhi. Amah chu a chiila kipana tualthat ahi a, huleh thutah ah a um sih, amah-a thutah a um louh jiahin. Juau a soi inzong amah-a ngeei asoi ahi; bangjiahin ahiai i chihleh amah mi juau ahi a, huleh juau pa zong ahi."

Adam thumanlouhna jiahin, mihing zousiah chu meelmapa dawimangpa, mial vaihawmtu, tate banga piang ahi. Jesu Khrist a gingtaatna jala ngaihdamna tangte chu Pathian tate banga piagthahte ahi uhi. Ahihvangin, Jesu Khrist a gingta kichi a huleh ahihvangin na lungtang ch sualna leh giitlouhna in a dim a, huchiin Pathian ta dihtah chia kouh in na um thei sih hi.

Pathian tate i hung hih ut va huleh hutdamna tan i ut uleh, tahsalam natohte leh tahsalam silte zousiah kintaha i kisiih va huleh kisiihna gah kilawm huntawh chu Hagau Siangthou deihna dungjuia gamtaang in gah i suang diing uhi.

Abraham chu na pa un ngaihtuah sih un

Pharisaite leh Sadukaite kawma kisiihna nei a gah suang diinga thu a soi nung in, Baptistu Johan in, "Huleh Abraham ka pu uh ahi chiin kingaihtuah sih un; ajiahchu Pathian in hi suangte haw Abraham tatein a dingsah thei hi, chih ka hung hilh ahi" (Matthai 3:9).

Hih chang hagaulam umzia bang ahiai? Abraham suan

khatin Abraham a sut diing ahi. Hizongleh Abraham, ginna pa leh midihtat, banglouin, Pharisaite leh Sadukaite chu daanbeina leh lungtanga dihtatlouhna in a dim uhi . Giitlouhna natoh bawl va huleh dawimangpa thu a man laiun , Pathian tate hi in a kimuang mahmah uhi. Hikhu jiahin ahi Johan in Abraham toh tehkaah a, a taina jiah. Pathian in mihing lungtang lailungtah a mu a, huleh a polam kilatdan hilou in (1 Samuel 16:7).

Romte 9:6-8 ah hichia gelh ahi, "Hizongleh Pathian thu bangmalou banga umta ahi sih hi. Ajiahchu Israel haahte a bawnun Israel mi ahiveh sih uhi. Abraham haahte ahih jiahun zong a bawnun tate ahiveh tuan sih uh; Isaak ah na haah a kichi diing, chih ahijaw hi. Huchu, tahsa tate chu Pathian tate ahi sihva; HIZONGLEH THUCHIAM TATE CHU ABRAHAM HAAHA NGAIH AHIJAW UH CHIHNA AHI."

Pa Abraham in tapa tampi a nei hi; ahihvangin, Isaak suante chauh Abraham suan dihtahte – thuchiam a suante , ahung hi uhi. Pharisaite leh Sadukaite chu sisan Israelte ahi va, hizongleh Abraham banglouin, Pathian Thu a jui sih uhi. Hujiahin hagaulam a soi in amahuh chu Abraham ta dihtahte banga heet ahi thei sih uhi.

Huchi mahbangin, mikhat in Jesu Khrist a pom leh biahinn a kai jiah mei in Pathian tah ahung hi uh chihna ahi sih hi. Pathian ta kichi in ginna jala hutdamna tang mikhat a kawh hi. Hubanah, ginna nei kichi in Pathian Thu zaah mei a kawh sih hi. Natoh a jui chihna ahi. I muuh va A ta chia i phuan va, ahihvanga i lungtang chu Pathian huatzawng dihtatlouhna a, a dim leh, Pathian tate i kichi thei sih uhi.

Pathian in gilou bawl, Pharisaite leh Sadukaite tobang tate deih ana hileh, A tate diingin hinna neilou suangtang tual a kiliih lehlehte ana telzaw diing hi. Hizongleh hukhu Pathian deihzawng ahi sih hi.

Pathian in A lungsiatna A kikoppih theih diing ta dihtahte neih A ut hi. Abraham tobang tate, Pathian lungsiat leh A thute jui veh huleh lungsiatna leh hoihna a gamta gigete A deih hi. Hikhu jiah chu mite a lungtang vapat gilou paihdoh loute'n Pathian tungah kipaahna dihtah a tut thei sih uhi. Pharisaite leh Sadukaite banga i hin uleh, Pathian deihzawng sanga dawimangpa deihzawng juizaw a, huchiin Pathian in mihing siamna diing leh chituhna diingin pan A huchi laah a ngai sih diing hi. Ama'n suang A la in Abraham suante A suaahsah mei diing hi!

"Singkung gah suang lou photmah phuuh ahi a huleh mei a haal ahi"

Baptistu Johan in Pharisaite leh Sadukaite kawmah hichiin a chi hi, "Huleh tuin zong singbul chinah heita koih ahita hi; hujiahin sing chin gah hoiha gah lou photmah chu kiphuuha meia kipaailuut veu ahi." (Matthai 3:10). Johan in hitaha a soi chu, Pathian Thu phuandoh ahihjiahin, koipouh chu a natoh dungjuia thukhen ahi diing hi. Hujiahin gah suanglou singkung photmah – Pharisaite leh Sadukaite bangin – Meidiil meikuang ah paihluut ahi diing hi.

Mattahi 7:17-21, Jesu'n hichiin a chi hi, "Huchimahbangin sing hoih photmah agah hoih jela; Hizongleh singsia chu agah ase veu hi. Singhoih gah ase thei siha, singsia zong agah hoih thei boh sih hi. Sing chin gah hoih lou taphot chu aphuuh va, meiah apaai uh. Hujiahin amahuh chu agah un na he diing uhi. Lalpa, Lalpa, hung chi nazong vaan gamah a luut sih diing uh; Hizongleh ka Pa vaana um deihjawng bawlte chu a luut diing uhi."

Jesus also said in Johan 15:5-6, "I am the vine, you are the branches; he who abides in Me and I in him, he bears much fruit, for apart from Me you can do nothing. If anyone does not abide in Me, he is thrown away as a branch and dries up; and they gather them, and cast them into the fire and they are burned." This means that children of Pathian who act according to His will and bear beautiful fruits will enter into Heaven, but those people who do not do this are children of the devil and will be thrown into the fire of Hell.

Bible in Meidiil toh kisai a soi chiangin, 'meikuang' kichi thumal a kizang hi. Thupuandoh 21:8 in hichiin a chi hi, "Hizongleh meidawite leh, gingtaloute leh, kihdahumte leh, tualthatte leh, tohuuhte leh, bumhaatte leh, milimbete leh, juau haatte zousiah tan diing chu mei leh kaata kaang diil ahia; huchu sih nihna ahi."

Bible in Meidiil a soi chiangin, 'mei' kichi thumal a kizang veu hi. Thupuandoh 21:8 in hichiin a soi hi, "Hizongleh meidawite leh, gingtaloute leh, kihdahumte leh, tualthatte leh, tohuuhte leh, bumhaatte leh, milimbete leh, juau haatte jousiah tan diing chu mei leh kaata kaang diil ahia; huchu sih nihna ahi." Sihna masa chu mikhat tahsalam hinkhua beina ahi, huleh sihna nihna chu hagau, mihing pu in vaihawmna dong huleh a mit ngeilou Meidiil meikuang tawp ngeilou a, a kiahna ahi.

Meidiil chu meikuang diil leh kaat kuang, ahihlouhleh

'kaatsuang' ahi. Pathian a gingtaloute leh Amah a gingta kichi a huleh dihtatlouhna bawl leh kisiihna gah suang loute'n Pathian toh bangmah kisaina a nei sih uhi; hujiahin Meidiil meikuang khuuh ah a chiah diing uhi. Tuin hutobang mite silgilou mahmah khat mihing in zong a ngaihtuah theihlouh bawl, ahihlouhleh khawhtaha Pathian doudaal, ahihlouhleh zawlnei tahlou banga um huleh mi tampi Meidiil a paisah chu kaat kuang diil ah a luut diing hi, huchu meikuang diil sangin leh sagih in a sazaw hi (Thupuandoh 19:20).

Khenkhatte'n khatvei Hagau Siangthou na tan kalsiah huleh na min chu Hinna Lehkhabu a gelhluut ahih kalsiah, bangteng hizongleh hutdam na hi diing hi. Thupuandoh 3:1 ah hichiin a kigial hi, "Huleh Sardis khua-a kouhtuam angel kawmah hichiin gialin; Pathian Hagau sagih leh, aahsi sagih neipa'n hi thute asoi hi; Na natohte ka he hi, hing min na pua-a, hizongleh si na hi." Thupuandoh 3:5 in hichiin a chi hi "A gualzoupa chu huchimahin puanvaam silhsah ahi diinga; huleh a min chu hinna lehkhabu a'pat ka nawtmang sih diing, hizongleh ka Pa ma leh, a angelte ma ah a min ka gum diing hi." "Hing min na pua a" kichi in Jesu Khrist pom a huleh Hinna Lehkhabu a, a min uh kigial chih a kawh hi. Ahihvangin, hih changvom in bangteng hizongleh, mikhat a sual a huleh sihna lampi a, a pai leh lehkhabu apat in a min nuaimang ahithei chih ahung lah hi.

Pawtdohbu 32:32-33 ah, Pathian chu Israelte tungah A lungthah a huleh milim a biah jiahun suse diingin A kisa hi. Hih hun ah, Mosi in Pathian kawmah amahuh ngaihdamna diingin Israel tate luangin a ngen hi- Hinna Lehkhabu a, a min nuaimang diing khop hizongleh. Huleh hukhu ah, Pathian in "Ka tunga sual koipouh, Ka lehkhabu apat in Ka nuaimang diing,"

(Pawtdohbu 32:33) A chi hi. Matthai 3:12 in hichiin a chi hi, "A khutin a pasiseep a tawia, a phual chu ajaap siang tinten diing; huleh a buhte chu a pangah a koihkhawm diinga; Hizongleh asii chu mei mitthei louin ahaaltum diing hi." Huleh Matthai 13:49-50 in zong hichiin a soi hi, "Khovel tawp chiangin hutobangin a um diing hi; angelte chu ahung diing va, migiloute chu midihtatte lahapat akhenkhe diing uh. Huleh amahuh chu haaltuina meiah apaai diing uh; hu-ah chu kah leh hagawi a um diing,"

Hitahah, "midihtatte" kichi in gingtute a kawh a, huleh "migiloute midihtatte lahapat" kichi in gingtu ka hi kichi a hizongleh buhsii tobang, ginna si nei, huchu, ginna natoh tellou tobang ahi. Hih mite chu Meidiil meikuang ah paihluut ahi diing uhi.

Kisiihna toh umna gah

Baptisttu Johan in kisiih diing chauh in mi a sawl sih a, hizongleh kisiihna toh umna a gah suang diingin zong a hilh hi. Huchi ahihleh kisiihna toh um gahte bang ahiai? Hute chu vaah gahte, Hagau Siangthou gahte, huleh lungsiatna gahte, thudih gah kilawmtahte ahi uhi.

Galatiate 5:22-23 ah hikhu toh kigial i muthei hi, "Hagau gah ahihleh, lungsiatna, kipaahna, hamuanna, thuaahtheihna, jaineemna, hoihna, ginumna, Thunuaigolhna, kisuumtheihna, ahi; hichibangte kalhin daan a um sih hi." Huleh Ephesite 5:9 in hichiin a chi hi, "Ajiahchu, Hagau gah ahihleh hoihna chinteng leh dihtatna leh thutah ah ahi." Hite tengteng lahah, Hagau Siangthou gah kuate, hih 'gah hoihte' awiohtu hoih mahmahte i en diing uhi.

Gah masapen chu lungsiatna ahi. 1 Korinthete bung 13 in lungsiatna hichia chiin a soi hi, "[Lungsiatna] in athuaahthei a, huleh a ching a; lungsiatnain athangse sih a; lungsiatna chu a kiphat sih a, a kiuangsah sih hi, A kilawmlouin agamta sih a, a dangdang (c.4-5). Soidan tuam in, lungsiatna dihtah chu hagaulam lungsiatna ahi. Hubanah, hitobang lungsiatna chu kipumpiahna lungsiatna hukhu toh Pathian lalgam leh dihtatna diing mikhat in a hinna tanpha a piaahdoh theihna ahi. Mikhat in hitobang lungsiatna sual, giitlouhna, huleh daanbeina a paihmang a huleh a kisuhsiangthouna chiangchiang ah a muthei hi.

A gah nihna chu kipaahna ahi. Mite kipaahna gah neite sil a paihoih chiang chauh a kipaah louin, hizongleh dinmun zousiah ah kipaahna a nei uhi. Vaangam kinepna lahah a kipaah zing uhi. Hujiahin a lauthawng sih va; huleh a lampi vah bangtobang buaina hung um zongleh, ginna toh a haamtei va, huchiin a haamteina uh dawnna a mu uhi. Pathian bangkimbawlthei a Pa uh ahi chih a gintaat jiahun, a kipaah thei gige va, haamtei zing in, huleh dinmun zousiah ah kipaahthu a soi gige thei uhi.

Hamuanna chu a gah thumna ahi. Hih gah nei mi in lungtang koimah toh kidou lou a nei hi. Ajiahchu hutobang mi in huatna, kisual ahihlouhleh kinial, mahni kideihkhopna, ahihlouhleh angmasialna lama awnna a nei sih a, midang a masazaw ah a koih va, na a tohsah va, huleh nunnemna toh a bawl hi. Huchiin, hun zousiah ah hamuanna a tongdoh uhi.

A gah lina chu thuaahtheihna ahi. Hih gah suangna chih umzia chu heetsiamna leh ngaihdamna tungtawn a thudih a thuaahzou a um chihna ahi. Hikhu umzia lungthahna a sunga sou bulhbulh thunun zou mei a thuaahzou "en" chihna ahi sih hi. Hikhu umzia chu lungthahna leh thangtawmna chihte silgiloute paihmang a, huleh hoihna leh thudih a dimsahzaw chihna ahi. Mi chinteng hesiam leh pom thei a umna ahi. Huleh, mikhat hih gah suangtu in lunggel dihlou a neih louh jiahin "ngaihdamna" leh "thuaahtheitah" chihte a poimoh het sih hi. Hih gah chu mite toh kizopna toh kisai ahih chauh hilou in, hizongleh hikhu chu a lungtang gilou paihdoh kawma huleh thuaahzoutaha haamteina leh thusun Pathian kawma kilaantou dawn ahih masang thuaahzou a umna ahi.

A gah ngaana, nunnemna, chu silkhat ahihlouhleh koiahakhat heetsiam theihlouh keei khat heetsiamna ahi. Hih nunnemna chu ngaihdam theihlouh ahih huna zong ngaihdamna ahi. Mahni kideihkhopna ngaihtuahna na neih a ahihlouhleh hun zousiah a dih na kisah leh, hehpihna gah na suang thei sih hi. Nang leh nang na manghilh theih a, sil zousiah lungtang liantah toh na pom theih a, huleh midangte lungsiatna toh na etkol chiangin, na hesiam in huleh na ngaihdam thei tahzet hi.

Hoihna chu gah guupna ahi. Hikhu chu Khrist lungtang: kinial ngei hetlou ahihlouhleh lungkhoih ngei hetlou; pumpeeng gawpsa sutan lou, pat khu sumit lou lungtang ahi. Hikhu chu lungtang dihtah, sualnate zousiah paihmang a, Hagau Siangthou a hoih hawl gige ahi.

Ginumna chu gah sagihna ahi. Hikhu chu –sual douna toh kisai leh paihdohna toh kisai ahih chianga, na lungtang a thudih tohdohna diinga, sih tanpha a ginum ahi. Kouhtuam, innsung, natohna, ahihlouhleh mohpuahna na neihna zousiah a na mohpuaahna suhbuchingna toh kisai a chitah leh ginumna ahi. "Pathian innsuang zousiah" a ginum a umna ahi.

Zaidamna chug ah giatna ahi. Zaidamna gah nei kichi umzia chu pat banga nem lungtang, mi chi chinteng pom thei mikhat bawltu, nei chihna ahi. Zaidamna lungtang na neih leh, koitobang mi hung in huleh hung suhheh sawm zongleh, na heh sih diinga, huleh na pona sih diing hi. Pat laha suang lianpi mikhat in a seh a, huleh hukhu in a suang chu ana mat a huleh ana tuam hi, zaidamna gah na suang leh, na kawma tawldamna mun hawl a um mi tampite a diingin liim diingin nana pom in huleh a liimbelh diingin nana um thei hi.

A tawpna ahi, mahni-kideehzohna gah na suang leh, na hinkhua a lam chinteng ah na muang diing hi. Huleh ngilneihna hinkhua ah, a hun bangtahin gah dih tengteng na suang thei diing hi. Huchiin, hinkhua kilawm leh gualzawlna hinkhua na tang thei hi.

Pathian in hitobang lungtang kilawm nei diinga ahung deih jiahin, Matthai 5:14 ah hichiin a soi hi, "Nang chu khovel vaah na hi," huleh chag 16 ah, "....Na vaah uh mihing maiah na natoh hoih uh a muhna va, huleh vaan a na Pa uh a paahtawi diingun vaah heh." Vaah nuaia dihtaha hinna jala kisiihna toh kijui Vaah gahte i suang va ahihleh, hoihna leh dihtatna leh thudih chu i hinkhua vah a luanglet diing hi (Ephesite 5:9).

Kisiihna toh um a gah suang mite

I sualnate i kisiih va huleh kisiihna um a gah i suang

chiangun, Pathian in hikhu chu ginna bang ahung pomsah a huleh i haamteina uh gualzawlna tungtawn in ahung gualzawl hi. Pathian in i lungtang sungnung vapat a i kisiih chiangun khotuahna ahung piaah hi.

A gimthuaah hun sungin, Job in a lungtang ah gilou a mudoh a huleh leivui leh vut in a kisiih hi. Hulaiin, Pathian in a sapum a meima tengteng A suhdamsah a huleh a ma a, a neihzah lehneih in A gualzawl hi. Huleh a ma a ana neihsa tate sanga meelhoih in zong A gualzawl hi (Job bung 42). Jonah chu ngapi gilsung a, a um laia ahung kisiih leh, Pathian in A hundam hi. Nineveh mite'n a sual jiah va Pathian lungthahna a tung va hung tung diing hilh a, a um chiangun an a ngawl va huleh a kisiih uhi, huleh Pathian amahuh A ngaihdam hi (Jonah bung 2-3). Hezekiah, Judah simlam lalgam kumpi 13na, kawma Pathian in, "Na si diing a huleh na hing sih diing," chiin A hilh hi. Ahihvangin, kisiih a ahung kahdoh chiangin, Pathian in kum 15 sung a hinna a suhsausah hi (2 Kumpipate bung 20)

Hichibang mikhat in gilou natoh a toh chiangin, a lungtang lailung apat a kisiih a, huleh a sualna vapat a, a kiheimang leh, Pathian in huh kisiihna A sang hi. Pathian in A mite A hundam hi, huchia Psalm 103:12 a kigial bangin, "Suahlam chu tumlam apat a gamlaat bangin, ei apat in i sualna gamlapi ah A koihmang hi."

2 Kumpipate bung 4 ah, Shunem numei tallang Elisha chu a zintunsiamna toh a na ginumtaha ana tohsah i mu hi. Ngen sih zongleh, hun sawtpi apat ana lunggulh mahmah tapa a nei hi. Gualzawlna muhna diinga a bawl ahi sih a, hizongleh Elisha a lungsiat jiah leh Pathian suaah a deihsah jiahin a na a tohsah hi. Pathian chu a natoh hoih tungah A kipaah a huleh naupaina

gualzawlna toh A gualzawl hi.

Huleh Silbawlte bung 9 ah, Tabitha, zainemna leh phatuamngaihna a dim nungjuitu khat i mu uhi. Ahung damlouh a ahung sih chiangin, Pathian in Peter chu amah suhing kiit diingin A zang hi. Gah kilawmtah suang ta deihhuaitahte kawmah, Pathian in a haamteina uh a dawng ut mahmah a, huleh A khotuahna leh gualzawlna A piaah hi.

Hujiahin Pathian deihzawng chiangtaha i heet va, huleh kisiihna toh um a gah i suang diing uh ahi. I Lalpa uh lungtang i sut va huleh dihtatna a i gamtat diing uh ahi. Pathian Thu na tung va langsah a, na hinkhua a, a ningkhat Pathian Thu toh kituaahlou a umleh, Amah a kiihkiit ka hung ngen a, huchiin Hagau Siangthou gahte, Vaah gahte, huleh lungsiatna gahte na hung suan a, huchia na haamteina zousiah dawnna na hung muhtheih ka ngen hi.

Glossary

Sual leh gilou kikal kibatlouhna

"Sual" chu ginna toh kituaahlou natoh khatpouhpouh ahi. Hikhu chu sil dih bawl diing he ngala sil dih bawl lou ahi. A lianzaw ah, silbangkim ginna toh kituaahlou photmah sual ahi; hujiahin Jesu Khrist gintaatlouh chu sual lian mahmah ahi.

"Gilou" chu Pathian Thu a et ahih chianga pom theih hetlouh, huchu, thudih toh kikalh sil tengteng ahi. Hikhu chu lungtang a um sual hihna ahi. Hukhu dungjuiin, sual chu mikhat lungtang sunga gilou um a polam a muhtheih a hung kilangdoh kingkeng ahi. Gilou chu muhtheih louh ahi; hujiahin mikhat lungtang a gilou jiah kilamdoh chu sual ahi.

Hoihna bang ahiai?

Dictionari ah, hoihna chu "hoih dinmun ahihlouhleh chitna, kilawmna, siangthouna" ahi. Ahivangin, michih sialepha heetna a kinga in, hoihna chu a chituam chiat thei hi. Hujiahin hoih buuhna dihpen chu Pathian Thu hoihna ngei hi ah a kimu hi. Hujiahin, hoihna chu thudih, chih Pathian Thu ahi. Hikhu chu A deihzawng leh ngaihtuahna ahi.

Bung 5

"Gilou Hua inla; A Hoih Tudet Tinten in"

*"Lungsiatna chu heembawlna tellouin hi heh.
Gilou photmah hua in; a hoih ah kinga in."*
(Romte 12:9)

Tuni hun leh khang ah nulepate leh tate kikal, nupa kikal, sanggam pasal leh numeite kikal huleh innveeng kikal ah gilou a um chih i mu thei uhi. Mite'n gou tungtaang khatlekhat a kiheehtuah uhi, huleh dinmun khenkhat ah, mite amahuh lawhna diing delh in a kiheemtuah uhi. Hikhu a tungva huatna a neihsah chauh hilouin; hizongleh a tung vah gimthuaahna nasatah a tungsah hi. Hikhu jiahin Pathian in hichiin a chi hi, "Gilou a kilang photmah apat kihemkhia in" (1 Thessalonikate 5:22).

Khovel in mikhat chu a dihtat a huleh a lungkim chiangin 'hoih' a chi hi. Ahihvangin, mi 'hoih' khat Pathian Thu a teh ahih chiangin hoih zoulou tampi a um hi. Hubanah, Pathian deihzawng kalh a i umna uh hun tampi a um hi. Thudih khat hitaha i heet diing uh chu Pathian Thu – huleh A Thu chauh – chu 'hoihna' tehna bukim ahi. Hujiahin, silbangkim leh silkhat pouhpouh chu Pathian Thu toh kituaah vehlou chu gilou ahi.

Huchi ahihleh sual leh gilou bangchidana kibanglou ahiai? Hih sil nihte chu a kibang in a kilang a, hizongleh a kibang sih hi. Etsahna diingin, singkung tehkhinna in zang talei, giitlouhna chu leinuaia um huleh kimutheilou bang ahi a, huchih laiin sualna chu singkung kimuthei, a bate, leh a gahte, tobang ahi. Singkung chu a zung jiaha a hin theih bangin, mikhat chu a sung a gilou um jiahin a sual hi. Giitlouhna chu mikhat lungtang sunga hihna um ahi a, huleh hikhu in Pathian toh kikalh umzia leh hihna a tuam veh hi. Hih giitlouhna in ngaihtuahna ahihlouhleh natoh a hihna ahung neih chiangin "sual" a kichi hi.

Gilou sual banga a kilatdan

Luke 6:45 in hichiin a chi hi, "Mi hoihin a lungtang goubawm hoiha kipanin sil hoih ahung suahkhia a; huleh mi gilouin a lungtang goubawm sia-a kipanin sil hoihlou ahung suahkhe veu hi. Bangjiahin ahiai i chihleh lungtanga dimvaal chu a kamin asoi ahi." 'Huatna' lungtanga a um chiangin, 'eng haamna,' 'haam huham,' ahihlouhleh hitobang sualna dangte bangin ahung kilangdoh hi. Lungtang sunga gilou um sual banga ahung pawtdohdan muhna diingin, David leh Juda Iskariot te nai deuhin i en diing uhi.

Zaan khat, Kumpipa David a lal inn tungvum ah a vaah lehleh a, numei khat kisil a mu a huleh heem in a um hi. Amahnu a kousah a huleh amahnu toh angkawm in a um hi. Huh numei chu Bathsheba ahi, huleh hulaiin, a pasal, Uriah, chu a um sih hi ajiahchu amah galdou a kuan ahi. David in Bathsheba a gai chih a heetdoh in, Uriah chu galmatawng a sihsah diing huleh a zi Bathsheba neih diingdan a lunggel hi.

A dihtahin, David in Uriah chu galmatawng diinga a teeldoh ahi – a tahtahin ama'n a that sih hi – huleh hulaiin, kumpi ahihna dawl ah, David in a ut zahzah zi a neihtheihna diingin silbawltheihna leh thuneihna zousiah a nei hi. Ahihvangin, David lungtang ah, Uriah sihna diing lunggel chiangtahin a nei hi. Hichibangin, na lungtang mun khenkhat a gilou na neih leh, bangchilaipouhin na sual thei hi.

Sualna jiahin, David in Bathsheba toh tapa a neih uh a si hi; huleh a tapa dangkhat, Absalom, in a heem a huleh a langah helna a bawl hi. A gah chu, David a galtai a ngai hi, huleh Absalom in suun nisa tang ah a pa meite toh lumkhawm in mualphoutahin a gamtaang hi. Hikhu jiahin, lalgam a mi tampi, Absalom telin, a si uhi. Angkawmna leh tualthahna sualna in David leh a mipite a diingin siatna a tut hi.

Juda Iskariot, Jesu nungjui sawmlehnihte laha khat, chu heemna etsahna liantah ahi. Kum thum Jesu toh hun a zat sungin, sillimdang tampi Pathian silbawltheihna jal chauh a um thei a mu hi. Nungjuite lahah ama'n sumbawm a kol a, huleh a lungtang apat in duhamna a paihmang thei sih a, huleh a hun tengin, a bawm apat in sum a ladoh a huleh a poimoh ah a zang jel hi. A tawpna ah, a duhamna in a houtupa uh heemna a tungsah a, huleh amah ngei kisiamtanlouhna in a kikhailumsah hi.

Hujiahin na lungtang a gilou a um leh, bangtobang meelpua gilou hung pawtdoh diing ahiai chih na he sih hi. Gilou neukhat hizongleh, ahung khanlet leh, Setan in na pelh theihlouh diing sualna a hung kailuut diingin hukhu tungtawn in na a sem thei hi. Midang, ahihlouhleh Pathian nasan heem diingin na um thei hi. Hitobang giitlouhna in natna leh gimthuaahna na tungah leh a kiim a mite tungah a tungsah thei hi. Hikhu jiah ahi gilou na huat a huleh gilou a kilang neupen nasan na paihmang diing ahi. Gilou na huat leh, huh gilou apat in na kikoih gamla diinga, na ngaihtuah sih diinga, huleh na tongdoh sih diing hi. A hoih chauh na bawl diing hi. Hikhu jiahin Pathian gilou ho diingin ahung hilh hi.

Natna, etkhiahna, ze-etna leh gimthuahna i tung va ahung tunna jiah chu i lungtang sung va gilou a polam a sual a ahung kilatdoh diing i phalna uh tungtawn a tahsalam natohte i bawl jiah uh ahi. Hikhu a dinmun ahihleh, Pathian lungthahna a um diinga, huleh Ama'n ahung thuhilh a, huchiin mihing bang i hung hi kiit diing va, huleh ganhingte banglouin.

Gilou paihmang a huleh mi hoih hung hi diingin

Lungtang a um thudihlou ngaihtuahna ahihlouhleh tahsalam slte jiah mei in ze-etna leh gimthuaahna ahung tung mei sih hi. Hizongleh ngaihtuahna chu tahsalam natohte (sual natohte) in bangchihlaipouhin ahung tung thei hi, huleh huchiin tahsalam silte i koihkhia mei diing uh ahi.

Hite zousiah tungah, Amah in A latsah silmahte muh nung nasan Pathian a gintaat louhleh, hikhu chu gilou zousiah laha gilou ahi. Matthai 11:20-24 ah, Jesu'n A silmahte tamzote A bawlna mun khopite A housie hi, ajiahchu amahuh a kisiih sih hi. Chorazin leh Bethsaida kawmah, Jesu'n hichiin a chi hi, "Na tung uh a gih hi," huleh hichiin A vau hi, "Vaihawmna ni ah nanguh sangin Tura leh Sidan a diingin a dan a umzaw diing hi." Huleh Caperna um kawmah hichiin A chi hi, "Vaihawmna ni ah nanguh sangin Sodam a diingin a dan a umzaw diing hi."

Tura leh Sidan in Jentel khopi nite a kawh hi. Bethsaida leh Chorazin chu Israel khopi Galili Tuipi mallam a umte ahi uhi. Bethsaida zong nungjui thumte: Peter, Andrew, leh Phillip te khua ahi. Hitah ahi Jesu'n mittaw khat mit A suhvaahsahna, huleh mihing 5,000 nga nih leh tanghou ngaa toh vaahna silmah thupitah A bawlna mun. Silmahte Jesu a gintaatna diing va chetna huntawh petu a muh jiahun, a juih va, a kisiih va, huleh A thuhilhna dungjuia a lungtang va gilou um a paihdoh diing uh ahi. Hizongleh, hikhu a bawl sih uhi. Hikhu jiahin taihilh in a um uhi.

Tuni in eiuh a diingin zong ahi. Mikhat in chiamchihna leh silmahte Pathian a mikhat in a bawl a huleh amah in Pathian a gintaat louh a, hizongleh hukhu siltung ahihlouhleh Pathian mipa a dem a ahihlouhleh a mohpaih leh, hu mipa in a lungtang a gilou um a hihna a langsah ahi. Huchi ahihleh bangda mite'n gingta theilou ahi viai? Hikhu jiah chu tahsa silte a thunun va huleh a paihmang diing uh hinapi a, a bawl louh jiah uh ahi. Huchih naahsangin, tahsalam natohte a bawl va huleh sual a bawl uhi. Sual a bawl tam pouh uleh, a lungtang ahung gilou in ahung khauh semsem hi. A sialepha heetna uh ahung mol a huleh a tawpna ah siih sa bangin ahung taah hi.

Pathian in amahuh muh diingin silmahte langsah mahleh, hibang mite'n a hesiam thei sih va huleh a gingta sih uhi. Heetsiamna a neihlouh jiahun, a kisiih thei sih va, huleh a kisiih louh jiahun, Jesu Khrist a pom thei sih uhi. Hikhu chu mi guta tobang ahi. A tuung in, mipa chu sil neukhat nasan guuh diing a lau a; hizongleh bangzahvei ahakhat a bawl chiangin, sil lianpi a guuh in zong poisahna a nei nawn sih hi, ajiahchu a lungtang chu a bawl touhjelna ah ahung khauh gawpta hi.

Pathian i lungsiat va ahihleh, gilou i huat va huleh a hoih a i belh uh chu a dih umsun ahi. Hikhu i bawlna diingun, tahsalam natoh zousiah i khawlsan va huleh tahsalam silte zousiah i lungtang vapat zong i paihmang diing uh ahi.

Huleh sual leh gilou paihmangna a i paitouh chiangun, Pathian toh kizopna i bawl thei va huleh A lungsiatna i tang thei uhi (1 Johan 1:7, 3:9). I maite un kipaahna leh kipaahthusoina luanglet a langsah diinga, natna khatpouhpouh apat suhdamna i tang diing va, huleh innsung, natohna, sumhawlna, a dangdang a, buaina khat pouhpouh suhveng i tang thei uhi.

Chiamchihna hawl khang gilou leh angkawmte

Matthai 12:38-39 ah, lehkhagialte khenkhat leh Pharisaite Jesu kawma chiamchihna lah diinga ngen a um uhi. Huchiin Jesu'n gilou leh angkawm khangte'n chiamchihna a hawl uh chiin A hilh hi. Etsahna diingin, mi khenkhat, "Pathian na hung lah leh, ka gingta diing," ahihlouhleh "Mi sisa na hingsah kiit leh ka gingta diing," chi a um uhi. Hih mite'n a lungtang va siangthouna toh gintaat sawm in a soi sih uhi. Ginlelhna apat a, a soi uh ahi.

Hujiahin hih thutah a gintaatlouh sawmna, ahihlouhleh amahuh sanga hoihzaw khenkhat soisiatna ahihlouhleh ginlelhna lama awnna, ahihlouhleh amahuh ngaihtuahna ahihlouhleh ngaihdan toh kituaahlou silkhat nual utna zousiah chu, hagaulam a angkawm umdan apat a hung kuan ahi. Gintaat ut louhna nei kawm in, mite chiamchihna muh diing kalhte'n Jesu ah a dihlou khat – Amah ngoh leh mohpaihna diingin, muhdoh a sawm tinten uhi.

Mahni kidihsahna, kiuahsahna, leh angmasialna mite'n a neih semsem leh, huh khang chu ahung angkawm semsem hi. Tuni banga khantouhna ahung masawn semsem , mi tam sem in chiamchihna muh diing a phut uhi. Ahihvangin, mi tampi chiamchihna mu a huleh gingtalou thouthou a um uhi! Hih khang tobang chu gilou leh angkawm khang chi a taihilh ahih uh silmah ahi sih hi!

Gilou na huat leh, gilou na bawl sih diing hi. Na sapum a niin a baang leh, na silkhe diing hi. Gilou leh sual, hinna susia a huleh sihna lampi a kaitu chu, a niinzosem in, a namsezaw a, huleh niin meimei sangin a meelsezaw hi. Hutobang niin toh sual nitna tehgual ahi sih hi.

Huchi ahihleh bangtobang giitlouhna ahiai i huat diing uh? Matthai bung 23 ah, Jesu'n lehkhagialtute leh Pharisaite chu "Na tunguh a gih…" chiin A tailhilh hi. "Na tunguh a gih," chih thugual chu hutdamna a tang sih diinguh chihna A zat ahi. Huleh a jiahte chu khen sagih in i khen diing va huleh a kimzaw in i sui diing uhi.

Gilou a kilang i huat diingte uh

1. Vaangam kot kikhaah huchia mite a luut theihlouhna diingun

Matthai 23:13 ah, Jesu'n hichiin a chi hi, "Hizongleh nanguh lehkhagialtu leh Pharisai lepchiahte aw, na tunguh a gih hi! vaan gam lampi mite na khaahsah va; nanguh lah na luut ngaal sih va, mi a luut diingte lah na luut sah sih uhi."

Lehkhagialte leh Pharisaite'n Pathian thute a he in a gial va huleh Pathian thute kem bangin a gamtaang uhi. Hizongleh a lungtang uh ahung taah a, huleh Pathian na chu a polaang in a tong va – huchih jiahin, taihilh in a um uhi. Siangthouna pai diingdan zousiah nei mahleh uh, a lungtang uh chu daanbeina leh giitlouhna toh a kiton hi. Jesu'n silmah mihing toh hitheiloute A bawl a muh chiangun, Amah koi ahiai chih phawh sangin huleh kipaah in, Amah doudaalna diingin sil bangkim a guanggalh uhi. A sihna nasan zong a maphu in a pang uhi.

Hih khang mite zong a huchi uhi. Jesu Khrist a gingta kisoi a huleh ahihvangin ettonhuai hinkhua zangloute hih dinmun ah a um uhi. Mikhat, "Nang tobang mite jiahin Jesu ka gingta ut sih" chia na chihsah leh, mite apat vaan lalgam kot khaahtu na hi diing hi. Vaangam na luut louh chauh hilouin; hizongleh midangte zong a luut diing uh na daal hi.

Pathian a gingta kichi a, hizongleh khovel toh kithumun a um mite zong Jesu'n A taihilhte ahi uhi. Kouhtuam paidan a, kouhtuam hihna nei mikhat chihchu thuhilhtu a pang khat in midang huatna a latsah a, a lungthah a, huleh thumanlouhna a, a gamtat leh, Khristian thah khat in hi mipa en in huleh a muang diai, a zahtaatlouh diing chih phetlouh? Ahung lungkiat diing uh chih phetlouh in huleh a ginna nasan uh a mansuah diing uhi. Gingloute laha a zite ahihlouhleh a pasalte uh a ginna uh khansah sawm a um va, huleh amahun a gawt va ahihlouhleh sual a bawlsah sawm va huleh sualna a kihelsah sawm uleh, "Na tung a gih" chih kitaihilhna a tang diing uhi.

2. Mikhat na nungtolhsah chiangin nangmah bangin Meidiil tapa na suaahsah hi

Matthai 23:15 ah, Jesu'n hichiin a chi hi, "Nanguh lehkhagialtu leh Pharisai lepchiahte aw, na tunguh a gih hi! ajiahchu mi khat Juda phungkaaia siam diingin zong tuikhanglian leh gamah na chiah kiimvel va, huleh huchi na siam zoh chiang un amah chu nanguh saanga alehniha gawtmun mi diingin na siam veu uhi."

Mou a innpinu apat bawlsiatna tuaah in amah mou tungah hahsatna lianzaw a guan hi chiin ana kisoi hi. Mikhat in a muh leh a siltuaahte a lungsim ah a thamden a, huleh heetlouhin, a siltuaah dungjuiin a gamtaang hi. Hujiahin na zildohte leh koi apat na zil ahiai chih chu a poimoh mahmah hi. Lehkhagialtu leh Pharisaite banga mite Khristian paidan na zil leh, mittaw in mittaw a pui bangin, amahuh toh giitlouhna ah na puuhkhawm diing uhi.

Etsahna diingin, lamkai khat in midangte a thukhen a huleh a mohpaih a, a soisiat a huleh a hoihlou lam a soil eh, gingtute'n amahuh apat ahung zil diing va huleh a gamtatna in amah a suniin diing a, huleh a bawn un sihna lampi ah a pai diing uhi. Khotaang ah, naupangte a innsung va a nulepate a kihau va huleh a kihuattuah gige hite'n innsung nuamtah sunga khanglian naupangte sangin puisiat theih a um theihna hun lemchang a hauzaw uhi.

Hujiahin, nulepate, houtute, huleh lamkai dangte chu, midang tengteng tungah, etton diing hoihaw ahih uh a ngai hi. Hitobang mite thusoite leh gamtatnate chu ettonhuai ahihlouhleh, midangte puuhsahtu ahi thei mahmah uhi. Kouhtuam nasan ah, suaah ahihlouhleh lamkai te ettonhuain ahihlouhna hun uh a um hi, huleh a pawl, a tohna pawl, ahihlouhelh a pawlpi a halhthahna tun diing daal in a pang uhi. Hitobang bawl i hihva ahihleh, eimah chauh hilouin, hizongleh midangte nasan zong, Meidiil tate hisahtu i hi uh chih i heetdoh diing uh ahi.

3. Duhamna leh dihtatlouhna jiaha a lampi dihlou a Pathian deihdan pedoh hihna

Matthai 23:16-22 ah, Jesu'n hichiin A chi hi, "Nanguh

mittaw mapuite, Koipouh Pathian biahinn loua kichiam chu bangma ahi siha, Hizongleh koipouh Pathian biahinn a sana loua kichiamin chu a taangtun diing ahi, chite haw, na tunguh a gih hi. Nanguh mingol leh mittawte; sana leh sana siangthousah Pathian biahinn akhoi loupijaw ahiai? Huleh koipouh maitaam loua kichiam chu, bangmah ahi sih; Hizongleh atunga um silpiaah loua kichiamin a taangtun diing ahi, na chi uh. Nanguh mingol leh mittawte; silpiah leh silpiah susiang maitaam chu khoi loupi jaw ahiai Huchiin koipouh maitaam loua kichiam photin, maitaam leh atunga um zousiah louin a kichiam ahi. Huleh koipouh Pathian biahinn loua kichiam chu, Pathian biahinn."

Hih changvom chu duhamna, heembawlna, leh lungtang mahni angma sialna lungsim neite taihilhna ahi. Mikhat in Pathian maia kichiamna ahihlouhleh thuchiam a neih leh, hilhtu in a thuchiam supiching diinga a hilh diing ah, hizongleh hilhtu in hukhu koihkhe diing a mite hilh in huleh sum tungtaang leh, neihlehlam tungtaang a, a thuchiamte uh chauh supiching in a hilh uhi. Thunatongtu in mite thudih a hing diinga a hilh louh a huleh thohlawm chauh a uangsoi leh, huchiin amah chu mittaw lamkai ahi diing hi.

Bangteng masang in, lamkai khat in mite a sualnate vapat a kisiih diing, Pathian dihtatna chituh diing, huleh vaan lalgam luut diinga a hilh diing ahi. Biahinn, Jesu Khrist, maitaam, huleh Vaan Laltouphah a kichiamna neih chu a kibang veh ahi, hujiahin mikhat in huh thuchiam a juih ngeingei a poimoh hi.

4. Daan gihzaw nelhsiahna

Matthai 23:23-24 ah Jesu'n hichiin a chi hi, "Nanguh lehkhagialtu leh Pharisai lepchiahte aw, na tunguh a gih hi!

ajiahchu nangun pudina leh mohuri huleh jira bang sawm ah khat na pia va, huleh daanthu poimoh jaw thukhen dihna bang, jahngaihna bang huleh ginumna bang na thudon sih uhi; hite chu ahi na bawl ngeei diing uh a dangte zong bawl lou tuanlouin. Nanguh puuitu mittawte, thousi hisianga sangawngsau valh veute haw!"

Pathian a gingta mikhat in a sawmakhat a kima a pia diing ahi. Sawmakhat a bukim a i pia leh, gualzawlna i tang uhi; hizongleh i bawllouhleh, Pathian suam i hi (Malachi 3:8-10). Ahi, lehkhagialtute leh Pharisaite'n a sawmakhat uh a pia uhi; hizongleh Jesu'n amahuh chu dihtatan, khotuahna, leh ginumna a neih louh jiahin A tai hi. Huchi ahihleh dihtatna, khotuahna, leh ginumna nelhsiah bang ahiai?

'Dihtatna' in sual paihdohna, Pathian Thu dungjuia hinna, leh ginna toh Amah thu manna a kawh hi. 'Thumang' kichi, khovel tehna ah, na bawl theih tana thumang leh silkhat bawl chihna ahi. Ahihvangin, thudih ah, 'thumang' kichi chu thumang thei leh a hithei keeilou a kilang silkhat bawl chihna ahi.

Bible ah, zawlneite Pathian in A heetphate'n A thute ginna toh a mang uhi. Tuipi San a khenzaah va, Jericho baang a suchim va, huleh Jordan Lui luanglai a khawlsah uhi. A dinmun a mihing ngaihtuahna uh guanglut hi uleh, hih silte a tung ngei sih diing hi. Hizongleh ginna toh, Pathian thu a mang va huleh a hisah thei uhi.

'Khotuahna' kichi ch mihing hihna dawla na hinkhua a lam chinteng a mohpuaahna buching semdoh chihna ahi. Hih khovel ah mite'n mihing ahihna uh a kepbitna diing va a juih diing uh a hoih leh kilawm taangpi a um hi. Ahihvangin, hih daante a bukim sih hi. Mikhat a polam kilatdan ah changkang leh fel mahmah zongleh, a sunga gilou a neih leh, amah chu siangthou dihtah a chih theih sih hi. Hinkhua pomtaah a hin tahtah theihna diingin, mihing mohpuahna bukim i juih uh a ngai hi, huchu Pathian thupiaahte ahi (Thusoitu 12:13).

Huleh, 'ginumna' chu ginna tungtawn a Pathian hihna a kihel ahi (2 Peter 1:4). Pathian in vaante leh lei a siamna a, a siltup thupipen chu, a sunga sil um zousiah, huleh mihing zousiah chu, ta dihtahte A lungtang langsah diing neihna diing ahi. Pathian in, Amah thudih ahih banga, huleh bukim diingin ahung hilh hi. Siangthou a kilang meimei daana i um louh diing uh ahi. I lungtang vapat gilou paihdoh a huleh A thupiaahte man vehna jalin Pathian hihna ah i kihelkha thei giap uhi.

Ahihvangin, lehkhagialtute leh Pharisaite Jesu hun laiate'n dihtatna, khotuahna, leh ginumna a nelhsiah va, huleh sillate leh kithoihna chauh a pibawl uhi. Pathian chu lungtang kisiih ah, thudihlou lungtangte toh kithoihna kilaan sangin, A kipaahzaw hi (Psalm 51:16-17). Ahihvangin, Pathian deihzawng toh kituaah silkhat a hilh uhi. Mikhat thuhilhtu dinmun a um in mite sualnate a kawhdoh masat va, kisiihna toh um a gah suang diinga a panpih va, huleh Pathian toh kilem diinga a makaih diing uh ahi. Huzoh chiangin, sawmakhat piaahdan diing, kikhopna paidante, haamteida, a dangdang, hutdamna bukim a tun tandong uh a hilh diing uh ahi.

5. A sunglam suamhaatna leh nopchetna a nusia a, a polam susian a um

Matthai 23:25-26 ah, Jesu'n hichiin a chi hi, "Nanguh lehkhagialtu leh Pharisai lepchiahte aw, na tunguh a gih hi! ajiahchu nangun nou leh kuang polam na susiang va, Hizongleh asung lah leepguuhna leh kisuumlounain a dim ngaala.Nang Pharisai mittaw, nou leh kuang sung lam susiang masain, huchiin apolam zong ahung siang thei diing hi." Saidawium siangtah na et chiangin, a siang in a kilawm mahmah hi. Ahihvangin, nou sunga na silkoih a kinga in, ahung te hoihzaw in ahihlouhleh ahung niin thei hi. Tui niin na koih leh, nou niin ahung suaah diing hi. Huchi ahih bangin, mikhat chu a polam a Pathian mi bangin kilang mahleh, a lungtang chu gilou a, a dim leh, Pathian, lungtang mutu in, a sunga niin a mu diinga, huleh a niin in A ngai diing hi.

Mihingte kitanauna ah zong, mikhat a polam kilatna ah bangtobang a siangthou, kichei nalh, huleh changkang mahmah hizongleh, huatna, thangsiatna, enna, huleh gilou chinteng a dim ahi chih i hung heetdoh va ahihleh, a niin leh zumhuai i sa uhi. Huchi ahihleh Pathian, dihtatna leh thudih in hitobang mite A muh chiangin bangchiin A ngaita diai? Hujiahin Pathian Thu i ngaihtuah va huleh lepchiahna leh duhamna zousiah i kisiih va, huleh lungsim siangthou neih i sawm diing uh ahi. Pathian Thu dungjuia i gamtat va huleh sualnate i paihmang va ahihleh, i lungtang uh ahung siangthou a, huchiin i polam kilatdan uh amah leh amah in ahung siang in ahung siangthou diing hi.

6. Hansuang kinuhngou tobang a

Matthai 23:27-28 ah Jesu'n hichiin a chi hi, "Nanguh lehkhagialtu leh Pharisai lepchiahte aw, na tunguh a gih hi! ajiahchu nanguh hi. Haan kinuhvaam, apolam mawitaha kilanga, asunglam lah misi guh leh silniintea dim bang na hi uhi. Hutobangmahin nanguh zong polama mihing mitmuhin, dihtat bangin na lang va, Hizongleh na sunglam uh chu lepchiahna leh gitlouhnain a dim hi."

Hansuang cheimawina diinga sum bangzah seng hizongleh chin, a tawpna ah, a sungah bang a um ei? Misiluang muat tomloukala leivui khutdim khat suaah diing giap a um hi! Hujiahin hansuang kinuhngou in a polam a hoihtaha kizuun milepchiahte a kawh hi. A polam ah hoih, zaidam, leh buching, midangte thuhilh leh tai bangin a kilang uhi, a sunglamah ahihleh huatna, enna, thangsiatna, angkawmna, a dangdang in a dim uhi.

Pathian a gingta a kiphuang a huleh i lungtang va midangte dem a huatna i umsah leh, huchiin midangte mit a niin mu a huleh mahni mit a singtum um mulou i hi uhi. Hikhu ahi lepchiahna a ngaih bang ahih. Hikhu chu gingloute tungah zong a zat theih hi. Mahni pasal ahihlouhleh zi heem utna lungtang nei a, tate don lou a, ahihlouhleh mahni nulepate zahlou a, thudih chiamnuhbawl a huleh midangte dem chu lepchiahna gamtatna ahi.

7. Nangmah midihtat a kingai

Matthai 23:29-33 ah, Jesu'n hichiin a chi hi, "Nanguh lehkhagialtu leh Pharisai lepchiahte aw, na tunguh a gih hi! ajiahchu zawlneite haan na bawl va, huleh midihtat haante zong na jeem uh, Huleh, Ka pu leh pate uh dam laia na um hile ung, zawlneite sisan a suahna vah tel lou diing hi ve ung, na chi uhi. Huchiin zawlneite thatte tate na hi uh chih na kihesah uhi. Na pi leh pute uh tehna daan sudim ngaal mei un. Nanguh guulte, nanguh guul haahte, bangchiin ahiai gawtmun siamlouhtanna na pelh theih diing uh?"

Milepchiah leh Pharisaite'n zawlneite hansuang a bawl va huleh dihtatna suangdoh a jem in hichiin a chi uhi, "I pate uh hun a ana hing hi ulei, zawlneite sisan suah diingin amahuh toh i kilawi sih diing uhi." Ahihvangin, hih thupuan chu a dih sih hi. Hih lehkhagialtute leh Pharisaite'n Jesu, Hundampa banga hung pai, ana pomlouh uh chauh hilou in, hizongleh ana nual va, huleh a tawpna ah kross a kilhbeh in ana that uhi. Bangchidana a pulepate uh sanga dihtatzaw a kikoih thei ahi diviai?

Jesu'n hih milepchiah lamkaite tai in hichiin A chi hi, "Na pate uh mohna buuhna sudim un." Mikhat a sual chiangin, sialepha ngaihtuah theihna neukhat beeh ana zong uleh, a kisiamtan sih diinga huleh a sual a khawlsan diing hi. Hizongleh a giitlouhna gamtatna uh a tawp tandong a nuse lou mi zong a um uhi. Hikhu ahi Jesu'n "sudim" ana chih umzia. Amahuh chu dawimangpa tate, guul suante ahi va, huleh gilouzosem in a gamta uhi.

Huchi mahbangin, mikhat in thudih a zaah a huleh sialepha heetna guuh a phawh leh, ahihvanga amah leh amah dihtat a, a kingaih a huleh a kisiih utlouh a huleh kisiihna toh um a gah a suang louhleh, Meidiil a diinga thutanna a pel thei sih hi.

Hujiahin, Jesu'n lehkhagialtute leh Pharisaite kawma taihilhna A pia apat i kingaihtuah va huleh ei uh hung sukha silkhat pouh a um ei chih en a huleh kintaha hu silte i paihmang diing uh ahi. Simtute, - na lungtang in a lunggulh zahzah a, midihtat gilou hua leh a hoih a belh a, huchia Pathian kawma loupina zousiah pia a huleh gualzawlna hinkhua na hung zat uh ka kinem hi!

Glossary and further clarification

'Mihing chituhna' bang ahiai?

'Chituhna' kichi chu louba pawlmi in haichitang a tuh a, a etkol a, huleh hukhu in gah ahung suang ahi. Amah ta dihtahte neihna diingin, Pathian in Adam leh Evi hih khovel ah ga masapen bangin a tuh hi. Adam a puuh zoh in, mihingte misualte ahung suaah va, huleh Jesu Khrist a pom nungun huleh Hagau Siangthou panpihna toh, amahuh khatvei ana umsa Pathian liim dihtah a mudoh thei uhi. Hujiahin Pathian in mihing a siamna paitou leh vaihawmna nunungpen tan mihing khangthu zousiah etkaina chu 'mihing chituhna.'

'Sapum', 'tahsa', huleh 'tahsalam silte' kikal kibatlouhna

A taangpi in, mihing sapum i soi chiangun, 'sapum' leh 'tahsa' a kibangin i zanghal lehleh uhi. Ahihvangin, Bible ah, hih thumalte'n amah hagaulam umzia a nei tuaahtuaah uhi. 'Tahsa' chu mihing sapum soina a, a kizat hun a um hi, hizongleh hagaulam ah, a muatthei, a kiheng thei, huleh a bukimlou leh niinte soina ahi.

Mihing masapen, Adam, chu hagau hing ahi, huleh amah bangtobang sualna zong a nei sih hi. Ahihvangin, Setan in sia leh pha heetna singkung gah ne diing chih tungtawn a heem ahih zoh in, sihna a tuaah hi, ajiahchu sual man chu sihna ahi (Siamchiilbu 2:17; Romte 6:23). Pathian in hinna, thudih heetna, mihing sunglam a, silsiam hun ah, A tuh hi. Hih thudih telloua mihing lim leh meel, Adam sual zoha hung kehdoh chu 'sapum' a kichi hi. Huleh hih sapum sung ming sual hihna kigawmkhawm chu 'tahsa' a kichi hi. Hih tahsa in muhtheih in lim leh meel a nei sih a, hizongleh hikhu chu bangchilaipouha hung pawtdoh diinga suhthathou theih sual hihna ahi.

Mihing lungtang a lei um

Bible in mihing lungtang lei chi tuamtuam in a khen hi; lampigei, suangphom lei, linglah lei, huleh lei hoih (Mark bung 4).

Lampigei in lungtang khauh leh gilou a kawh hi. Pathian Thu tangkhat hitobang lungtang chituh ahihleh, a haichi ahung pou thei sih hi, huleh gah a suang thei sih a; huchiin mipa in hutdamna a tang thei sih hi.

Suangphom lei in mikhat Pathian Thu a huaahbuuh toh hesiam a, hizongleh a lungtang ah a gingta thei sih hi. Thu a ngaihkhiaah laiin, a zildoh zang diingin thutanna a bawlkha thei hi, hizongleh hahsatna ahung tun chiangin, a ginna a kembit thei sih hi.

Linglah lei in a ngaikhia, heisam, huleh a hinkhua va zang chih a kawh a, hizongleh hitobang mi hih khovel heemna a zouzou sih hi. Hih khovel lauhthawngna, duhamna, huleh tahsalam lunggulhnate in a zawl hi, huchiin ze-etna leh gimthuaahna in a jui a, huleh hagaulam ah a khang thei sih hi.

Lei hoih in mikhat lungtang, Pathian Thu a tunga a tuh chiangin, Thu in gah chu leh 30, 60, 100 tan in a suang hi, huleh Pathian gualzawlna leh dawnna in a jui gige hi.

Setan leh dawimangpa natoh
Setan chu mial silbawltheihna nei mite sil gilloute bawlsahtu ahi. Hikhu in meelpuaahdan biih a nei sih hi. A lungtang mial, ngaihtuahnate, huleh huihkhua ah 'radiowave' tobangin gilou bawlna diinga silbawltheihna a thehdalh zing hi. Huleh mihing lungtang sunga thudihlou um hih zungzam a matkha chiiangin, amah sungah mial silbawltheihna sungluutna diingin mihing ngaihtuahna a zang hi. Hikhu ahi "Setan natoh tangkha." Ahihlouhleh "Setan aw ngaikhia" kichi khu.

Dawimangpa chu Lucifer toh kekhawm angelte laha khat ahi. A vom in a kichei va, huleh ama'n mihing ahihlouhleh angel tobang meel, leh khut leh keeng a nei hi. Ama'n Setan apat thupiaah a sanga huleh mihingte tunga natna tungsah diing leh sual leh gilou a puuhsah diingin dawi tampite a enkol in tu a pia hi.

Beel umzia leh lungtang umzia
Mite chu 'beelte' a kichi hi. Mikhat beel umzia chu ama'n Pathian Thu bangchituha hoih in a ngaikhia in huleh a lungtang a gelh ahiai, huleh ginna toh bangchituha hoihin a tongdoh ei chih ah a kinga hi. Beel umzia chu bangtobang vanzat apat kibawl ahiai chih in soi a nei mahmah hi. Mikhat in beel umdan hoih a neih leh, kintahin a kisusiangthou hi, huleh a lianzaw ah hagaulam silbawltheihna a langsah thei hi. Beel umdan hoih chituhna diingin, mikhat in Thu hoihtaha a ngaihkhiah a huleh a lungtang lailung a, a gelh diing ahi. Bangchituha kuhkalin mikhat in a zil ei chih a kinga in a beel umdan ahung hi hi. Lungtang umdan chu bangchituha lian in a lungtang a kizang ei chih leh, beel letdan ah a kinga hi. Hikhu chu 1) mikhat hihtheihna khel a pai, 2) mikhat hihtheihna sudim, 3) a hihtheihna ngiampen phunkawma sudim, huleh 4) mikhat sual a bawl zousiahte jiaha a natoh ana pan lou hileh a hoihzaw diing chihte ahi. Mikhat lungtang umdan a neukhat a huleh a taahsap leh, amahpa ahihlouhleh amahnu lungtang zauzaw, lianzaw a kiheng diinga a toh a ngai hi.

Pathian mitmuh a dihtatna
Dihtatna dan khatna chu sual paihdohna ahi. Hih dan ah mikhat chu Jesu Khrist pomna leh Hagau Siangthou muhna jala siamtanna ahi. Huchiin, a sualnate a mudoh a huleh huh sualnate paihmangna diingin kuhkaltahin a haamtei hi. Pathian chu hih gamtatna toh a lungkim sih a, huleh mikhat haamteina a dawng a huleh a gualzawl hhi.

Dihtatna dan nihna chu Thu juih ahi. Mikhat in sualnate a paihmang zoh chiangin, amah Pathian Thu um toh suhdim ahi thei a, huleh amah chu hukhu ah a belh thei hi. Etsahna diingin, mikhat huat louh diing chih thu kisoi a zaah chiangin, huatna a paihdoh a huleh michin a lungsiat sawm hi. Hichi bangin ama'n Pathian Thu a mang hi. Hih hun ah, hun zousiah ah ama'n chidamna gualzawlna a tang a, huleh a haamteina chinteng a dawng hi.

Dihtatna dan thumna chu Pathian lungkimsah ahi. Hih dan ah mikhat in a sualna a paihmang chauh hilou in, hizongleh a hun tengin Pathian deihna dungjuiin a gamta hi. Huleh a kouhna subuching diingin a hinna a laankhia hi. Mikhat in hih dan a pha chiangin, Pathian in a lungtang a, a lunggel neupen nasan A dawng hi.

Dihtatna tungtaang

"... huleh dihtatna tungtaang ah, Pa kawma Ka pai jiahin nangun na hung mu nawn sih uhi;" (Johan 16:10)

"Huchiin ama'n LALPA ah a gingta a; huleh hikhu chu Ama'n dihtatna in A ngai hi" (Siamchiilbu 15:6)

"Ajiahchu ka hung hilh ahi, Na dihtatnaun lehkhagialtute leh Pharisaite dihtatna a khuup louh inchu vaangam ah na luut top sih diing uhi." (Matthai 5:20)

"Hizongleh tuin chu daan leh zawlneite'n aheetsah bangun, daan loua Pathian dihtatna chu suhlatin a umta hi; Huchu, Jesu Khrist gintaatna jiaha a gingta photmahte diinga suhlata um Pathian dihtatna chu ahi; bangjiahin ahiai i chihleh a kilimdanna bangmah a um sih hi." (Romte 3:21-22)
"...Jesu Khrist tungtawn a hung kuan dihtatna gah toh dim in, Pathian loupina leh phatna ah." (Philippite 1:11)

"...Tuin chu dihtatna lallukhuh kei diingin koihin a um ta, huchu Lalpa vaihawmtu dihtahin hu ni chiangin ahung pe diing hi; huleh kei kawmah chauh hilouin, amah kilaahna ngaina photmahte kawma zong ape diing hi." (2 Timothi 4:8)

"...Huleh Pathian lehkhathu, "Abraham in Pathian a gingta a, huchu a dihtatnaa sim ahi, chih thu ataangtunga; huleh amah chu, Pathian lawm chih ahita hi." (Jakob 2:23)

"Hikhu-ah Pathian tate leh diabol tate a kihethei hi; mi koipouh dihtatna bawllou chu Pathian a kuan ahi sih hi, huleh a unau lungsiatlou zong Pathian a kuan ahi sih hi." (1 Johan 3:10)

Bung 6

Dihtatna Hinna a Hung Puitu

> *"Hujiahin mi khat giitlouh jiaha siamlouh tansahna vaaihawmna chu mi zousiah tungah ahung uma; huchibangmahin mi khat dihtatna silbawl jiahin hinna muhna diingin siamtansahna silthawnpiaah chu mi zousiah tungah um hi."*
> *(Romte 5:18)*

Lupna ngaah a kum sagih ka lup nungin Pathian hing toh ka kituaah hi. Hagau Siangthou tungtawn ka natna zousiah damna ka tan chauh hilou in, ka sualnate ka kisiih nung, Vaangam a ka teen diing hung phalsah diing kumtuang hinna zong ka tang hi. Biahinn ka kai a kipat a, zu ka ngawl a, huleh midangte zu toh a na uh ka sepsah ka khawlna ah, Pathian khotuahna tungah ka kipaah mahmah hi.

Ka inkote'n kouhtuamte a simmohhou hun uh ana um ngei. Kei chu kideeh zoulou in, lungthah deuh in hichiin ka chi hi, "Bang diinga Pathian soisia a huleh biahinn leh pastor toh kisai a hoihlou soi na hi viai?" Khristian naungeeh ka hihna ah, ka gamtatna a dih in ka ngaihtuah hi. Huleh a khonung in a gamtatna a dihlouhdan ka hedoh hi. Pathian muhdan a dihtatna sangin dihtatna kei muhdan a pen in a tungnungzaw hi. Hikhu in kinahna leh kinialna ahung tungsah hi.

Hitobang dinmun ah, Pathian mitmuha dihtatna bang ahiai? Hikhu midang lungsiatna toh heetsiam sawmna ahi. Amahuh in Lalpa leh Pathian a heet louh jiah va huchibang a gamta ahihdan na ngaihtuah theihleh, huchiin amahuh tunga lungnoplouhna diing a um sih hi. Dihtatna dihtah chu lungsiatna toh amahuh diinga haamteisah leh amahuh pianthahsahna diing lampi hawl a huleh Pathian tate hi diinga makaih ahi.

Pathian mitmuha Dihtatna

Pawtdohbu 15:26 in hichiin a chi hi, "LALPA na Pathian aw lungluttaha na ngaihkhiah a, huleh A mitmuh a, a dih na bawl leh..." Hih chang in mihing mitmuha dihtatna leh Pathian mitmuh a dihtatna a tuamtuaah ahi chih ahung hilh hi.

I khovel vah, phuba laah chu dihtattaha gamtatna in a kingaihtuah hi. Ahihvangin, Pathian in mi zousiah lungsiat a huleh meelmate nasan lungsiatna chu, dihtatna ahi, chih ahung hilh hi. Huleh, khovel in mikhat in sildih a ngaihtuah sepdohna diinga, midangte toh kilemna nasan susia a, a sual chiangin dihtatna in a ngai uhi. Hizongleh Pathian in mikhat in amah ngaihtuahna a diha a ngaihtuah khu jiaha midangte toh kilemna a suhsiat leh hukhu dihtatna in A ngai hi.

Huleh, hih khovel ah, na lungtang giitlouhna, huatna, muhdohna, enna, thangsiatna, lungthahna, huleh mahni masialna chihte bangzah nei zong lechin, gam daan na bohsiat louh a huleh na gamtatna gilou bangmah na neih louhleh, koimah in dihtatlou ahung chi sih diing hi. Ahihvangin, na gamtatna toh sual bangmah bawl sih zongleh chin, na lungtang a gilou na neih leh, Pathian in midihtatlou ahung chi diing hi. Mihing ngaihdan a dihatna leh dihtatlouhna mihing, mun, leh khangte a tum dungjuiin a tuam hi. Hujiahin, dihtatna leh dihtatlouhna daan dihtah bawlna diingin, Pathian ah daan i hung diing uh ahi. Pathian in dihtat A chih chu dihtatna dihtah ai.

Tuin, huchi ahihleh, Jesu'n bang a bawl ei? Romte 5:18 in hichiin a chi hi, "Hujiahin mi khat giitlouh jiaha siamlouh tansahna vaaihawmna chu mi zousiah tungah ahung uma; huchibangmahin mi khat dihtatna silbawl jiahin hinna muhna diingin siamtansahna silthawnpiaah chu mi zousiah tungah ahung um hi." Hitahah, "khat giitlouhna" chu Adam, mihing zousiah pa, sualna ahi, huleh "khat dihtatna silbawl" kichi chu Jesu, Pathian Tapa, thumanna ahi. Ama'n mihing tampi hinna a pui natohna dih A subuching hi.

Mihing zousiah hundam dihtatna natoh khat

Siamchiilbu 2:7 ah, Pathian in mihing masapen, Adam, Amah kibatpih in, A siam hi. Huchiin a naahkohawmte ah hu A haihkhum a huleh hagau hing in A siam hi. Naungeeh piangtuung bangin, amah ah bang khumluut ahi sih hi. Amah chu lehkhapuan thah ahi. Naungeeh ahung khanlet a huleh a muh leh zaahte tungtawn a heetna ahung neihte hung zang in, Pathian in amah chu vaannuai zousiah kituaahtaha a umkhawmdan, hagaulam lalgam daante, huleh thudih thu A hilh hi.

Pathian in Adam chu silsiam zousiah lalpa banga a hin diingdan a heet theihna diingin A hilh hi. Tuin Pathian in A phallouh khat chauh a um hi. Adam in sia leh pha heetna singkung chihlouh Eden Huan a singkung khat pouhpouh apat a nei thei diing A chi hi. Pathian in a ne nini in a si chiin khauhtahin A hilh lawh hi (Siamchiilbu 2:16-17).

Ahihvangin, hun saupi ahung pai zoh chiangin hih thute a chiamteh sih a guul heemna a luut in huleh neehlouh diing singgah a neta hi. Hukhu jiahin, Pathian toh a kihoumatna a tan a huleh Pathian in "Na si ngeingei diing" ana chih bangin, Adam hagau, hagau hing chu, a sita hi. Pathian Thu a man louh a huleh meelmapa dawimangpa thute a ngaihkhiah jiahin, dawimangpa ta ahung suaahta hi.

1 Johan 3:8 in hichiin a chi hi, "Sual bawl mi chu diabol a kuan ahi, ajiahchu diabol in a chiil apatin sual a bawl zing hi.. Ajiahchu Pathian Tapa hung kilatna san chu diabol silbawlte suse diingin ahi."

Adam a thumanglou leh sual ana hihleh, bang diinga a suante zong sual hung hi ahiai? Naupang khat in a nulepate hihna, a diah in a meelpuaahdan a la hi. Hizongleh a mihihna leh a paidan nasan in a nulepate a suun hi. Hikhu jiah chu naupang khat in a nulepate "chi" ahihlouhleh "hagau" , ahihlouhleh "hinkhua thahatna" a lasawn a, huleh hinkhua thahatna naupang kawma piaahsawn ahih chiangin, nulepate sualna zong piaahsawn ahi (Psalm 51:5). Naungeeh piangtuung ch koimah in kah diingdan leh buaina bawl diingdan a hilh sih hi, hizongleh amah leh amah in a kibawl ahi. Hikhu jiah chu sual hina chu hinkhua thahatna akhang akhang a Adam apat kipesawn ahi.

Mihing in a laahsawn sual bulpi banah, amah in sual a kibawl veu hi, huleh a lungtang chu sual in a buaah semsem hi. Huchiangin, a tate ahung pesawn hi. Hun hung pai jel in khovel chu sual in a let hi. Huchi ahihleh mihing, dawimangpa ta hung hi in, Pathian toh a kizopna uh ahung tangkiit a?

Pathian in a tuung apat in mihing a sual diing A he hi. Hujiahin A hutdamna silphatuam bawlsah ana guanggalh a huleh ana selgu hi. Jesu Khrist tungtawn a mihing hutdamna chu a chiil apat a thuguuh kiphual ahi. Hujiahin, Jesu Khrist, dembei leh soisel bei, in haamsiatna A tunga A la a huleh si diinga guatsa mihingte diingin hutdamna lampi honna diingin kross ah khaikaang ahi. Hih Jesu Khrist dihtatna natoh tungtawn in, mi tampite sual ana hitasate sihna apat suaahtaatsah a um in huleh hinna a tang uhi.

Dihtatna kipatna chu Pathian a gintaatna a kipan ahi

"Dihtatna" chu hoihna ahihlouhleh siangthouna ahi. Ahihvangin, "dihtatna" chu Pathian dungjuiin ginna toh Amah zahna apat a hung kuan ginna toh thumanna, sual paihmang a huleh A thupiaahte juihna ahi (Ecclesiates 12:13). Hizongleh hite tengteng tungah, Bible in Pathian a gintaatlouh meimei chu, sual a chi sih hi (Johan 16:9). Hujiahin, Pathian gintaatna natoh meimei chu dihtatna gamtatna ahi sih a, huleh hikhu mikhat dihtat ahung hihna diinga a neih diinga hihna masapen khat ahi.

Mikhat in amah hingtu a nulepate a ngaihsahlouh a huleh a heem leh bangchiin midih ahihlouhleh hoih i chi thei diai? Mite'n amah a kawh diing va huleh mihing zahna neilou chu misual a chi diing uhi. Huchi mahbangin, mikhat in eite hung siamtu Siamtu Pathian a, a gintaat louh diing leh, Pa a chihlouh a, huleh hite tungah, meelmapa dawimangpa a na – Pathian in A huat penpen – a toh leh, huchiin hikhu chu sual khawh mahmah ahi.

Hujiahin, midihtat hung hihna diingin, a masapen leh poimohpen ah, Pathian a na gintaat diing ahi. Jesu'n Pathian a ginna bukim A neih a huleh A thu chinteng A juih bangin, Amah a ginna i neih va huleh A thute i juih diing uh ahi. Pathian a ginna neih kichi chu Pathian chu vaannuai pumpi leh eite siamtu silsiam zousiah Lalpa , huleh mihing hinna leh sihna tunga thuneitu chauh a gintaat ahi. Huleh hikhu chu Pathian chu Amah a hung um, a masawpen leh nanungpen, a bull eh a tawp ahi chih gintaatna zong ahi. Hikhu chu Vaangam leh Meidiil ana guanggalhtu, vaihawmtu, huleh dihtatna toh mihing zousiah hung vaihawm diingtu a gintaatna ahi. Pathian in A Tapa neihsun, Jesu Khrist hih khovel a eite a diinga hutdamna lampi hung honsah diingin ahung sawl hi. Hujiahin Jesu Khrist a gintaat leh hutdamna tan chu, a dihtahin, Pathian a gintaatna ahi.

Hujiahin Pathian in A tate hutdamna kotkhaah a luutte apat silkhat A ngen hi. Hih khovel ah, gam khat a khua leh tui hihna nei mite'n huh gam daante a juih diing uh ahi. Huchi mahbangin, Vaangam khua leh tui nei mi na hihleh, Vaangam daante huchu Pathian Thu, Thudih hi, na juih diing ahi. Etsahna diingin, Pawtdohbu 20:8 in, "Sabbath tang inla, kem siangthou," a chih tahchiangin, Pathian daan na juih a huleh Sabbath tang pumlum a, huleh khovel toh kithumun a na um louh diing ahi. Hikhu Pathian in hitobang ginna leh thumanna dihtatna a, A ngaih jiahin i bawl diing uh ahi.

Jesu Khrist tungtawn in, Pathian in dihtatna daan hinna lampi a hung puitu a ahung suhvaah hi. Hih daan i juih uleh dihtat i hung hi va, Vaangam i luut thei va, huleh Pathian lungsiatna leh gualzawlna i tang thei uhi.

Jesu Khrist dihatna i phaahzoh diing uh

Jesu, Pathian Tapa, nasan in Pathian daante jui veh in

dihtatna A tongdoh hi. Sildang teng sangin, hih leitung a, A um laiin, gilou ning khat zong A langsah ngei sih hi. Hagau Siangthou a pai ahihjiahin, sual bulpi a nei sih hi. Huleh, gilou chih ngaihtuahna ahihlouhleh bangmah neilou ahih manin, sual zong A bawl sih hi.

Hun tamzaw ah, mite'n ngaihtuahna daan toh kituaahlou a neih jiahun gilou natohte a langsah uhi. Duhamna nei mikhat in, "Bangchiin ka hausa thei diai? Midang silneih ka laahsah in huleh keimah a ka suaahsah thei? Chiin a ngaih uhi. Huleh hu mi in a lungtang ah hih ngaihtuahna a chituh diing hi. Huleh a lungtang tohthoh a ahung um chiangin gilou a tohdoh chu a nai mahmah hi. A lungtang a duhamna a neih jiahin, Setan in a ngaihtuahna tungtawn in a heem hi, huleh hih heemna a pom chiangin gamtatna hoihlou, miheem, neehgu, leh guuhta chihte a bawl hi.

Job 15:35 in hichiin a chi hi, "Sil hoihhlou a ngaihtuah va huleh dihtatlouhna a tongdoh uhi, huleh a lungsim un heemna a guanggalh uhi." Huleh Siamchiilbu 6:5 ah tuilian tungtawna Pathian vaihawmna tun masang in, leitung a mihing giitluhna a sang mahmah a, huleh michih lungtang a ngaihtuahna chinteng chu gilou ahi. Lungtang a giitlouh jiahin, lungsim zong a gilou hi. Ahihvangin, i lungtang va gilou a um louhleh, Setan in ahung heemna diingin i ngaihtuahna tungtawn un ahung na a tong thei sih hi. Lungtang a sil um chu kam ah ahung pawtdoh chia gelh ahih bangin (Matthai 15:18), lungtang a giitlouh louh leh, ngaihtuahna ahihlouhleh gamtatna gilou ahung pawtdoh thei sih hi.

Jesu, sual bulpi ahihlouhleh mahni bawl sual neilou in, lungtang amah a siangthou a nei hi. Hujiahin A gamtatna zousiah a hoih gige hi. A lungtang a dihtat jiahin, ngaihtuahna dih chauh a nei a huleh gamtatna dih chauh A bawl hi. Mi dihtatte i hung hihna diingun i ngaihtuahna uh chu i lungtang va gilou paihdoh in i veeng ding va, huleh huchiin i gamtatna uh zong ahung buching diing hi.

Thu i man va huleh Bible in a chih bang chet, "Bawl in, bawl sin, jui in, huleh paihdoh in," chihte i bawl uleh, Pathian lungtang, ahihlouhleh thudih, i lungtang vah a teeng diinga huchiin i ngaihtuahna utoh i sual sih diing uhi. Huleh i gamtatna uh zong Hagau Siangthou mapuina leh kawhmuhna tang in ahung buching diing hi. Pathian in, "Pathianni kem siangthou in,' chiin ahung hilh a, huchiin Pathianni i kem siangthou uhi. Hichiin a chi hi, "haamtei in, lungsiat in, huleh tanchinhoih soi in,' huchii i haamtei a, i lungsiat a, huleh tanchinhoih i soi uhi. Gu sin ahihlouhleh angkawm sin A chi a, huchiin hih silte i bawl sih uhi.

Huleh gilou a kilangte nasan paihdoh diinga ahung hilh jiahin, thudihlou thangsiatna, enna, huatna, angkawmna, heemhaatna, a dangdangte i paihmang toujel uhi. Huleh, Pathian Thu a i um uleh, i lungtang va thudihloute ahung mang a, huleh thudih chauh a um hi. Sual zung khaah i lungtang vapat i bohdoh va ahihleh, i ngaihtuahna uh tungtawn in sual ahung luut thei nawn sih hi. Hujiahin, i muh taphot, hoihna toh i mu huleh i soi diing leh bawl diingte zong i lungtang vapat hung kuan hoihna toh i bawl uhi.

Thupilte 4:23 in hichiin a chi hi, "Na lungtang chu nguntahin veeng in, ajiahchu hukhu apat in hinna ahung pawtdoh hi." Dihtatna hinna hung neisahtu, ahihlouhleh hinna hung kipatna chu, lungtang veengbitna apat ahung kuan hi. Hinna i neihna diingun dihtatna, chihchu thudih, i lungtang va i kep va huleh hukhu a i um diing uh ahi. Hikhu jiahin ahi mikhat lungsim leh lungtang ven a ngaihna jiah.

Hizongleh i sung va gilou tampi a um jiahin, i haatna chauh utoh a bawn in i paihdoh veh thei sih uhi. Sualna paihdohna diinga i panlaahna uh banah, Hagau Siangthou silbawltheihna zong i poimoh uhi. Hikhu jiahin ahi haamteina i poimoh uh. Haamteina meikuang toh i haamtei chiangun, Pathian khotuahna leh silbawltheihna i tung vah ahung tung a huleh Hagau Siangthou in i hung dim uhi. Hukhu ahi i sualnate uh i paihmang theih hun uh!

Jakob 3:17 in hichiin a chi hi, "Hizongleh tunglam apat pilna chu a siangthou masa hi…" Hikhu umzia chu i lungtang sualnate uh i paihmang va huleh dihtatna chauh i delh chiangun, tunglam apat pilna i tungvah ahung tung hi. Ahihvangin bangchituha khovel pilna thupi zongleh, tunglam apat hung kuan pilna toh tehkaah gual ahi sih hi. Hih khovel pilna chu mihing, tawp nei leh maban a sil hung tung diing bangmah zong muthei lou, apat hung kuan ai. Ahihvangin, tunglam apat hung kuan pilna chu Pathian Bangkim bawlthei in ahung sawlsuh ahi a huchiin maban sil hung tung diinga toh kisai nasan i hethei un huleh ina kigingkhawl thei uhi.

Luke 2:40 ah, Jesu chu 'ahung khanglian in huleh hung haat in, pilna ah ahung khang hi,' a chi hi. Kum sawmlehnih ahih in, A pil mahmah a huchiin Rabbite Daan tungtaang heetna hoihtah neite nasan A pilna jiahin lamdangsa in a um uhi. Jesu lungsim in dihtatna chauh a et jiahin, tunglam apat in pilna a dong hi.

1 Peter 2:22-23 in hichiin a chi hi, "…Ama'n chu sual mawngmawng a bawl sih a, huleh a kam ah zong heemthu a kimu sih hi. Vaua a um laiin avauthuh sih a; athuaah laiin zong a taai sih…" Hih chang tungtawn in, Jesu lungtang i muthei uhi. Huleh Johan 4:34 ah, nungjuite'n an ahung tawi un, Jesu'n a kawm vah,

"Ka an chu Amah Kei hung sawlpa deihzawng bawl ahi a huleh A na A tongdoh hi." Jesu lungtang leh lungsim in dihtatna lam a kawh chauh hilou in, A gamtatna zousiah a buching gige hi.

Jesu chu Pathian na bawl a ginum chauh hilou in; "Pathian innsungmite zousiah' ah A ginum hi. Kross a, A sih lai nasan in zong, Johan kawmah Siangthou Mari a kemsah a, amahnu etkol ahih ngei diing deihna in. Hujiahin, Jesu'n mikhat ahihna dawl ah, vaan lalgam tanchinhoih A thehdalh a, huleh Pathian silbawltheihna toh damloute A suhdam kawm in, A khovel mohpuaahna A zou hi. A tawpna ah mihing sualnate leh haatlouhnate suveng diingin kross pua in hih khovel a, A natoh diing A subuchingta hi. Hichu Amah chu mihing Hundampa, kumpite Kumpi leh lalte Lal ahung hihdan ahi.

Midihtat hung hihna diing lampi

Pathian tate i hih uleh, bang i bawl diviai? I gamtatna uh tungtawn a Pathian daante juihna jala midihtatte i hung hih uh a ngai hi. Jesu chu eite a diinga etton diing sangpen ahung hih jiahin, Amah enton a enzong huchibang mah i bawl diing uh ahi.

Pathian daanjui kichi chu A Thupiaahte jui huleh A daante toh kisai a dembei a um ahi. Thupiaah Sawmte chu Pathian thupiaahte etsahna lianpen ahi. Thupiaahte chu Bible bu 66 a um Pathian thupiaahte khaikhawmtu banga ngaih theih ahi. Thupiaah Sawmte chinteng in a sungah hagaulam umzia thuuhtah a nei uhi. A umzia dihtah i heet va i juih chiat chiangun, Pathian in midihtat ahung chi hi.

Jesu'n thupiaah thupipen leh masapen a um A chi hi. Hikhu chu i lungtang, hinna, leh lungsim zousiah toh Pathian lungsiat ahi. A nihna chu eimah i kilungsiat banga i innveengte lungsiat ahi (Matthai 22:37-39).

Jesu'n hih thupiaahte zousiah a jui a huleh A bawl hi. Mi toh a kinial in ahihlouhleh a kikoudoh ngei sih hi. Jesu chu hun tengin a haamtei hi, zingkal baihtah ahihlouhleh zaankhovaah hita zongleh. A daan zousiah zong a jui hi, 'Daante' kichi in Pathian in eite a diinga ahung bawlsah a kawh hi, Paikaan kep ahihlouh sawmakhat piaahna a bangin. Jesu Paikaan mang diinga, Juda dangte zousiah banga, Jerusalem a, A chiahtouhna a kigial hi.

Khristiante, hagaulam a Judate'n, Judate paidan hagaulam umze nei in a kem va huleh a mang uhi. Khristiante'n Thuhun Lui hunte a tahsalam teeptanna kibawl bangin a lungtang uh teep a tan uhi. Biahna kikhopnate ah hagau leh thutah in a bia va, Thuhun Lui hun a Pathian kawma kithoihna a lat uh hagaulam umzia kem tou in. Pathian daante i kep va huleh i bawl chiang, hinna dihtah i hung nei va huleh midihtat i hung hi uhi. Lalpa'n sihna zouin A thoukiit hi; hujiahin dihtatna thohkiitna lama hung pawtdohna jalin kumtuang hinna zong i tang thei uhi.

Midihtate diinga gualzawlna

Kihauna, kimeelmatna, huleh damlouhna chihte mite a dihtatlouh jiahun ahung um hi. Daanbeina chu dihtatlouhna jiahin ahung hi, huleh huchiin natna leh gimthuaahna ahung um hi. Hikhu chu mite'n dawimangpa, sualnate pa, natoh a muh jiah uh ahi. Daanbeina leh dihtatlouhna a um louh a ahihleh, siatgawpna, gimthuaahna, ahihlouhleh hahsatna a um sih diinga, huleh hih khovel chu mun kilawmtah ahi ngei diing hi. Hubanah, Pathian mitmuh a midihtatte na hung hih uleh, Amah apat in gualzawlna thupizaw na dong diing hi. Mi hesiam leh gualzawl na hung hi tahzet diing hi.

Daanpiaahkiitbu 28:1-6 in hikhu bukimtahin a ana soi hi: "HULEH hichi ahung hi diing, tuni a thu ka hung piaah, a thupiaahte zousiah pilvaangtaha bawl diinga LALPA na Pathian aw na ngaihkhiaah inchu, LALPA na Pathian in nang chu leitunga nam zousiah tunglam daihah ahung koih diing hi: Huleh LALPA na Pathian aw na ngaihkhiaah pouhmaha ahihleh, hi vangpiaahna zousiahte na tungah ahung tung diinga, ahung jui jel diing hi. Khopi sungah vangpiaahin na um diinga, lougamah vangpiaahin na um diing hi. Na tahsa gahte, na leitang gahte, na ganhon gahte leh, na bawngpi leh na belaamhonte vangpiaahin a um diing hi. Na beng leh na buhinn vangpiaahin a um diing. Na luutin vangpiaahin na um diinga, na pawtin zong vangpiaahin na um diing.

Huleh, Pawtdohbu 15:26 ah Pathian in Pathian mitmuha sildih i bawl uleh, Aiguptate tunga A koih natnate bangmah i tung vah ahung koih sih diing hi. Hujiahin Pathian mitmuh a sildih i bawl uleh, i chidam diing uhi. I hinkhua va lam chinteng ah i khangtou diing va huleh kumtuang nuamna leh gualzawlnate i tang diing uhi.

Tutan chiangah Pathian mitmuh a dihtatna bang ahiai chih i enta uhi. Tuin, Pathian daante leh thupiaahte dungjuia dembei a i hin va, huleh Pathian mitmuh a dihtattaha i hin uleh, Pathian lungsiatna leh gualzawlna a bukim a na tan ka kinem hi!

Glossary

Ginna leh dihtatna

Ginna chi nih a um hi: 'hagaulam ginna' huleh 'tahsalam ginna' ahi.'Tahsalam ginna' chu mahni heetna leh ngaihtuahna toh kituaah silte a gintaat theihna ahi. Hitobang ginna chu natoh tellou ginna ahi; hujiahin, Pathian in A heetpihlouh ginna si ahi. 'Hagaulam ginna' neih kichi chu Pathian Thu apat hung kuan silbangkim a gintaat theihna ahi, mahni heetna ahihlouhleh ngaihtuahna toh kituaah sih mahleh. Hitobang ginna toh, mikhat in Pathian Thu dungjuiin na a tong hi.

Pathian in A piaah leh mikhat in hitobang ginna a nei thei giap hi, huleh michih in ginna buuhna tuam chiat a nei hi (Romte 12:3). A pipen in, ginna chu dan khatna apat in ngaana tan a um hi: ginna dan khatna ah, mikhat in hutdamna tanna diing ginna a neih a ngai hi, a dan nihna ah, Pathian Thu dungjuiin mikhat a um sawm hi, a dan thumna ah, mikhat in Thu dungjuiin na a tong thei a, a dan lina ah, mikhat sualnate paihmang a ahung kisuhsiangthou diing ahi, huleh Lalpa chu a hihtheihna sangpen a, a lungsiat diing ahi, huleh a dan ngaana ah, mikhat in Pathian tunga kipaahna bukim ahung tut a ngai hi.

'Midihtat' kichi in mi a dihtatte a kawh hi.

Jesu Khrist i pom va huleh A sisan jala i sualnate ngaihdam ahihtah chiangin, siamtansah i hi uhi. Hikhu umzia chu i ginna jalun siamtansah i hi uhi. Tuin i lungtang vapat gilou – ahihlouhleh thudihlou - i paihmang sawm va huleh thudih a i gamtat sawm chiangun, Pathian Thu dungjuiin, midihat, Pathian in dihtat a, A heetphate in i hung kiheng thei uhi. Pathian chu hitobang midihtatte tungah A kipaah mahmam a, huleh a haamteina chinteng uh A dawng hi (Jakob 5:16).

Bung 7

Midih chu Ginna Jalin A Hing Diing

"Ajiahchu ginna apat ginna ah Pathhian dihtatna a kilaah hi; 'Hizongleh midihtat chu ginna jalin a dam diing hi,' chih gelh bangin'"(Romte 1:17)

Mikhat in tagah , meithai, ahihlouhleh innveeng khat a diinga silhoih a bawl jeljel veu leh, mite'n amah chu midihtat a chi diing uhi. Mikhat ahung nunnem leh zaidam, daan jui, lungthah pahpah lou, huleh thuaahthei mahmah banga ahung kilat chiangin, mite'n hu mi a phat va, "Hu mi a diingin daan zong a poimoh sih" a chi uhi. Hujiahin hikhu umzia dihtah chu hih mi a dihtat chihna ahi diai?

Hosea 14:9 in hichiin a chi hi, "Kua ahiai pila hi silte hesiam diing? lemhe, amahuh he diing? ajiahchu Lalpa lampite a diha, huleh midihtatin a tawn diing hi: hizongleh tasualte chu hutahah a puuh diing uhi." Hikhu umzia chu Pathian daan jui mi chu ni dihtat dihtah ahi chihna ahi.

Huleh, Luke 1:5-6 in hichiin a chi hi, "Juda gam kumpipa

Herod damlaiin, a min Zakaria kichi, Abia pawla mi siampu natong khat a uma; huleh a zi chu Aaron tanute khat ahi a, a min Elizabeth ahi. Huleh amah u'geel chiu soiseel beiin Lalpa thupiah leh a daan zousiah juiin Pathian mitmuhin dihtattahin a um uhi." Hikhu umzia chu mikhat in Pathian daante, chihchu Lalpa thupiaahte leh daante zousiah chihna ahi.

Midihtat dihtah hung hihna diingin

Mikhat bangzahin dihtat sawm in um mahleh, koimah a dihtat a um sih hi ajiahchu koipouh in sual bulpi, a suangtu apat a kepesawn, huleh mahni-bawl sualte, ahihlouhleh sual tahtah chia kihe a neih jiahun. Romte 3:10 in hichiin a soi hi, "Koimah midihtat a um sih, khatmah zong a um sih hi." Midih khat ana umta sun, leh tua um, chu Jesu Khrist ahi.

Jesu, sual bulpi leh mahni-bawl sual neilou in, A sisan ahung luangsah a huleh i sualnate man piaahna diingin kross ah a si a, huleh sihna apat in ahung thou kiit a huleh i Hundampa ahung suaah hi. Jesu Khrist, lampi, thudih, leh hinna i gintaat utoh kiton in, huchu i sualnate sawpsiang ahih chiangin, siamtansahin i um uhi. Ahihvangin, ginna a siamtansah i hihjiah mei un, i zouta uh chihna ahi sih hi. Ahi, Jesu Khrist a i gintaat chiangun, i sualnate uh ngaihdam leh siamtansah i hi uhi; ahihvangin, i lungtang sung vah sual hihna i nei uhi.

Hujiahin Romte 2:13 ah hichia gelh ahi, "Ajiahchu daan ja mi hih chauh chu Pathian mitmuhin midih ahi sih a; hizongleh daan banga gamta chu midih ahi diing uhi." Hikhu umzia chu ginna a siamtansah hizonglei, lungtang thudihlou chu Pathian Thu dungjuia gamta a thudih lungtang a i hen chiang chauh un midihtat dihtah i hung suaah uhi.

Thuhun Lui hunte ah, Hagau Siangthou A hung masang

in, mite'n amahun sual a kipaihmang theih sih uhi. Hujiahin a gamtatna utoh a sual louh uleh, misual a ngaih ahi sih uhi. Hikhu chu Daan, mite'n 'mit luanga mit, huleh ha luanga ha' a kilaahtuah lai hun uh ahi. Ahihvangin, Pathian in A deih chu lungtang teeptanna – thudihlouhna, ahihlouhleh lungtang sualna paihdoh a, huleh lungsiatna leh khotuahna a gamtatna A deih hi. Hujiahin Thuhun Lui hun a mite banglouin, Thuhun Thah hun a mite Jesu Khrist pomte'n Hagau Siangthou chu silpiaah bangin a tang uhi, huleh Hagau Siangthou panpihna toh, a lungtang vapat in sual hihna paihdoh diinga suhhat ahi uhi. Mihing in amah silbawltheihna chauh toh sual a paihdoh thei sih a huleh midihtat ahung hi thei sih hi. Hujiahin Hagau Siangthou A hung hi.

Therefore, midihtat dihtah i hung hihtheihna diingun, Hagau Siangthou panpihna i poimoh hi. Midihtat i hung hihna diing va i haamteina va Pathian kawma i hung kahdoh chiangun, Pathian in khotuahna leh haatna ahung piaah a, huleh Hagau Siangthou in ahung panpih hi. Hujiahin sual i zou ngei diing va huleh i lungtang sung vapat in sualna chu a zung apat in botdoh diing uhi! Huchia sual i paihdoh semsem va, huleh i hung kisuhsiangthou va, huleh Hagau Siangthou kithuahpihna toh ginna buuhna bukim i hung tun chiangun, Pathian lungsiatna tamsem i tang va huleh midihtat bukim i hung hita hi.

Bangdia midihtat i hung hih diing uh ahiai?

"Midihtat ka hun hih a poimoh tahtah ei? Jesu ah bangtanahakhat a gingta in huleh hinkhua paahngai a hing theilou diing ka maw?" Hizongleh Pathian in Thupuandoh 3:15-16 hichiin a chi hi, "Na natohte ka he hi; lum la lumlou, vot la votloua na um chu; na lum aha, na vot aha ka deih ahi. Huchia lumpelhpulha, lum la lumlou, vot la votloua na um jiahin ka kama patin ka hung sekhe diing hi."

Pathian in 'ginna taangpi' A deih sih hi. Ginna lahloh chu lauhhuai ahi, ajiahchu hitobang ginna chu hun sawtpi kep kep a hahsa tahzet hi. A tawpna ah, hitobang ginna ahung khing hi. Hikhu tuilum toh kibang ahi. A polam a sawtlou na nuutsiat leh, ahung khing diinga huleh ahung vot diing hi. Pathian in hitobang ginna nei mite A kam apat A phihdoh diing A chi hi. Hikhu umzia chu hitobang ginna nei mite hutdam ahi thei sih hi.

Hujiahin bang diinga dihtat diing i hi viai? Romte 6:23 a kigial bangin, "Sual man chu sihna ahi," chih bangin, misual chu meelmapa, dawimangpa a ahi a huleh sihna lampi ah a pai hi. Hujiahin, misual chu sual apat ahung kihei a huleh ahung dihtat diing ahi. Huchiagin misual khat chu ze-etna, gimthuaahna, huleh damlouhnate dawimangpa in a piaahte apat ahung suaahta diing hi. Mihing hih khovel a, a um bangin, dahna leh dinmun hahsa chinteng damlouhna, tuahsiatna leh sihna chihte a tuaah thei gige ahi. Ahihvangin, mikhag ahung dihtat leh, hitobang silte toh bangmah a buai sih diing hi.

Hujiahin, Pathian thu i ngaih va huleh A thupiaahte i juih uh a ngai hi. Dihtattaha i hin uleh, Daanpiaahkiitbu bung 28 a kisoi gualzawlna zousiah i tang thei uhi. Huleh i hagau a khanna dungjuiin, sildangte zong ahung khang diinga huleh i chidam diing hi.

Hizongleh gualzawlna zousiah tang thei midihtat na hung hih masang, hahsatna in ahung jui diing hi. Etsahna diingin, Olympics a gold medal muhna diingin, kitaidemtu in nasataha kizilna a neih a poimoh hi. Huchi mahbangin, awl awl in, Pathian in A ta A lungsiatte a diingin ze-etna leh gimthuaahna amahuh ginna buuhna dungjuia a hihtheihna uh huamsung ah A phalsah a, huchiin a hagau uh awlawl in ahung khangtou hi.

Pathian in Abraham kawmah A pa innsung nuse diing A hilh a huleh hichiin A chi hi, "Ka ma ah pai inla huleh dembei hi in (Siamchiilbu 17:1). Amah A zilsah a huleh midihtat bukim hi diingin A pui hi. A tawpna ah, Abraham in a tapa, Isaak, Pathian kawma halmang sillat a, a latna etkhiahna nunungpen a palkai zohin, ze-etna a bei hi. Huzohin, Abraham chu hun chinteng ah gualzawl in a um a, huleh silbangkim amah a diingin a hoih ve hi.

Pathian in i ginna uh khanna diing leh dihtat a ahung bawlna diingin ahung zilsah hi. Michih in ze-etna chih a palkai chiangin, Pathian in A gualzawl hi, huleh huchiin ginna thupizaw ah A mapui hi. Huleh hih silpaitou tungtawn in, Lalpa lungtang i chituh semsem uhi.

Vaangam a loupina i tan diing uh chu, i sualnate uh i paihdohna chiangchiang va kinga in, huleh i lungtang un Khrist a sutna chiangchiang ah, a chituam chiat hi. 1 Korinthet 15:41 a kigial bangin, 'Ni a diinga loupina khat, huleh ha a diinga loupina khat, huleh aahsite a diinga loupina dang khat; aahsi khat apat aahsi khat loupina tuam,a um hi," Vaangam a loupina gihdan chu hih khovel a bangtan a dihtat hung hi i hiviai chih ah a kinga hi.

Pathian in ta a deihte A tate hihna chitna dihtahte nei – Lalpa lungtang neite A deih hi. Hitobang mite Jerusalem Thah ah Pathian laltouphah umna ah a luut diinga, huleh ni banga taang loupina mun a tenna diing a nei diing uhi.

Midih chu ginna jalin a hing diing

Huchi ahihleh, midihtat i hung hihna diingun, bang ichi hin diviai? Ginna jala i hin uh a ngai hi, Romte 1:17 a kigial bangin, "Hizongleh midih chu ginna jalin a hing diing hi." Ginna khenpi nih in i khen thei hi: tahsalam ginna leh hagaulam ginna. Tahsalam ginna chu heetna a kinga ginna ahihlouhleh lunggel a kinga ginna ahi.

Mikhat ahung pian a huleh a khanlet chiangin, a nulepate, heutute, innveengte, huleh lawmte apat a sil muhte, a zaahte, huleh a zildohte a huaahbuuh a chiamtehtheihna ah heetna bangin a kikhol hi. Mikhat in a neihsa heetna toh kituaah silkhat chauh a gintaat leh, hikhu chu tahsalam ginna a kichi hi. Hitobang ginna nei mite'n a umsa silkhat apat in silkhat a kibawldoh thei chih a gingta uhi. Hizongleh sil umlou khat apat in silkhat a kisiamdoh thei chih a gingta sih va ahihlouhleh a pom thei sih uhi.

Etsahna diingin, Pathian in Thu toh vaante leh lei A siam chih a gingta thei sih uhi. Jesu'n huihpi taai a huleh tuipi kawma "Dai in' (Mark 4:39) A chih siltung a gingta thei sih uhi. Pathian in sabiltung kam A keeh a huleh a haamsah hi. Mosi chu a chiang toh Tuipi San a phelsuahsah hi. Israelte Jericho kulhbaang kiim a, a kivelh va huleh a kikou meimei uleh hung chim in A umsah hi. Hih siltung chu mitaangpi heetna leh lunggel dungjuiin, sil umze bei ahi.

Bangchidana, chiang hulam nga a lap meimei jiaha tuipi phelnih kisuah ahiai? Bangteng hileh, Pathian – amah diinga bangmah ahitheilou umlou – in hukhu A tungsah leh, hukhu a tungsah mei hi! Mikhat in Pathian ah ka gingta chi a huleh huchia zong hagaulam ginna a neih louhleh hih silte a tung tahtah chih a gingta sih diing hi. Huchiin mikhat tahsalam ginna nei in gintaatna diing ginna a nei sih a, huchiin a ngeina in, Pathian Thu a mang thei sih uhi. Hujiahin a haamteina uh dawnna a tang thei sih va, huleh hutdamna a tang thei sih uhi. Hikhu jiahin a ginna uh chu 'ginna si' a kichi hi.

A lehlam ah, hagaulam ginna – bangmahlou apat silkhat kisiamna ginna – chu 'ginna hing' a kichi hi. Hitobang ginna toh umte'n a tahsalam ngaihtuahna uh a susia va, huleh amah uh heetna leh ngaihtuahna chauh a kinga in a dinmun ahihlouhleh siltung heetsiam a sawm sih diing hi. Hagaulam ginna neite'n Bible a silbangkim a hi bangbang a pom theihna diing ginna a nei uhi. Hagaulam ginna chu sil hitheilou a gingta ginna ahi. Huleh hikhu in mi hutdamna a, a pui jiahin, hikhu chu 'ginna hing' a kichi hi. Dihtat na utleh, hagaulam ginna na nei diing hi.

Hagaulam ginna neih diingdan

Hagaulam ginna neihna diingin, i lungtang va ngaihtuahna leh ngaihdan hagaulam ginna neihna diinga hung heikawitu tengteng apat i kihep masat diing uh ahhi. 2 Korinthete 10:5 a kigial bangin, Pathian heetna kalh a ding suangtuahna leh sil dangte chinteng i suhsiat va, huleh Khrist thumanna ah ngaihtuahna chinteng i saltansah diing ahi.

Heetna, ngaihtuahna, pilna, leh silmanphate mikhat in a pian apat a, a heette a dih gige sih hi. Pathian Thu chauh a dih leh kumtuang thudih ahi. I mihing heetna leh ngaihdamte a dih i chih teitei leh, Pathian Thu chu thudih ahi chia i pomtheihna diing uh a um sih hi. Hujiahin, hagaulam ginna i nei thei sih diing uhi. Hujiahin hitobang lunggel chu a masepen a i suhsiat uh a poimoh masapen hi.

Huleh, hagaulam ginna i neihna diingun, Pathian Thu guntuhtaha i ngaihkhia diing uh ahi. Romte 10:17 in ginna chu zaahna apat in a hung hi; hujiahin Pathian Thu i zaah diing uh ahi. Pathian thute i zaah louh va ahihleh, thudih bang ahiai chih i he sih diing uhi – huchiin hagaulam ginna a um thei sih hi. Biahna kikhopna leh biahinn kikhopna tuamtuam a Pathian thu i zaah a huleh midangte kiphuanna i zaah leh, i sung vah ginna ahung khangdoh hi, a tuung in hikhu heetna bang ginna himahleh.

Huchiin, hih heetna-pansan ginna chu hagaulam ginna a, a kihenna diingin, Pathian thu i juih uh a ngai hi. Jakob 2:22 a kigial bangin, ginna chu mi natohte toh natongkhawm in a um uhi, huleh huchiin natoh gah in, ginna chu suhbukim ahi.

Baseball ngaina mahmah mikhat in baseball toh kisai lehkhabu tampi a sim jiahin baseball kimawlmi thupitah a suaah thei sih hi. Heetna a kaihkhawm leh, baseball kimawlsiam thupitah ahung hihna diingin, a kaihkhawm heetna dungjuiin kizilna nasatah a neih a ngaita hi. Huchi mahbangin, Bible bangzahin sim mahleh chin, na simte na bawl louhleh, na ginna heetna- a kinga ginna in a umden diing hi, huleh hagaulam ginna na nei thei sih diing hi. Na zaahte a tahtaha na hung sepdoh chiangin, hih hun ai Pathian in hagaulam ginna ahung piaah – na lungtang lailung apat dihtaha gintaatna diing ginna.

Huchi ahihleh bangchidana, mikhat in a lungtang apat Pathian thu, "Kipaah ngitnget un; tawplouin haamtei un; silbangkim ah kipaahthu soi in," chi a man leh, bangtobang na a tong diai? A dihtahin, dinmun nuam ah a kipaah diing hi. Hizongleh dinmun hahsa ahung umdoh chiangin a kipaah diing hi. Kipaahna toh, Pathian khutah silbangkim a nga diing hi. Bangchituhin buai zongleh, haamteina hun a zang diing. Huleh a dinmun bangtobang hizongleh, a haamteina dawn ahi diing chih gingta in, kipaahthu a soi zing diing hi, ajiahchu ama'n Pathian Bangkimbawlthei ah a gingta hi.

Hichibangin, Pathian thute i gintaat chiangun, Pathian chu i ginna ah a kipaah a, huleh ze-etna leh gimthuaahna A lamang a huleh i haamteinate ahung dawng a, huchiin, kipaahna diing leh kipaahthu soina diing jiah i nei uhi. Kuhkaltaha i haamtei va, Hagau Siangthou panpihna toh i lungtang vapat thudihloute i paihmang va, huleh Pathian Thu dungjuia i haamtei uleh, huchiin i heetna-a kinga ginna uh kingahna mun Pathian in hagaulam ginna A piaahna mun ahung suaah hi.

Hagaulam ginna i neih uleh, Pathian Thu i mang diing uhi. Ginna toh, i bawltheihlouh uh silkhat bawl i hung sawm va ahihleh, Pathian hukhu bawl diingin eite ahung panpih hi. Hikhu jiahin ahi, sumlam a gualzawlna a baihlam mahmahna diing jiahi. Malachi 3:10 a kigial bangin, sawmakhat a kim a i piaah uleh, Pathian in gualzawlna tampi hung tungsah in huchia i buhinn a dimletna diingin! I tuh chiangun a leh 30, 60, 100 a tam a aat diing i hi uh chih i gintaat jiahun, kipaahna toh i tuh thei uhi. Hikhu ahi, ginna toh, midihtat in Pathian lungsiatna leh gualzawlnate a tandan.

Ginna a hinna diing lampi

I niteng hinkhua ah, i ma a ding 'Tuipi San,' 'Jericho Khopi' i kaihpuuh diing, huleh 'Jordan Lui' luanglet i tuaah uhi. Hih buainate i a ahung um chiangin, thudih a pai chu ginna jala hinna ahi. Etsahna diingin, tahsalam ginna toh, mikhat in ahung suh leh en zong i suh kiit i ut diing va huleh midang chu i ho diing hi. Hizongleh hagaulam ginna i neih uleh, midang khu i ho sih diing a, hizongleh i lungsiat diing uhi. Hitobang ginna hing – Pathian Thu a taha sepdohna diing ginna - i neih chiangun, meelmapa dawimangpa ei uh apat a taimang diinga huleh i buainate uh suhveng ahi diing hi.

Midihate ginna a hing in Pathian a lungsiat in, A thupiaahte mang leh jui in, huleh thudih dungjuiin a gamtaang diing hi. Khatveivei mite'n, "Bangchiin thupiaahte zousiah i jui thei diai?" chiin a dong uhi. Naupang a nulepate a zah diing uh, huleh pasal leh a zi a kilungsiat diing uh ahi chih bangin, Pathian tate i kichih uleh, A thupiaahte i juih uh chu sil kilawm ahi.

Gingtu thahte biahinn a kikhawm panpante a diingin Pathianni chianga dawr khaah chu a tuungin a hahsa meithei hi. Pathianni chianga dawr khaahna jala Sabbath keem a, a um uleh Pathian in a gualzawl diing chih a za uhi, hizongleh hikhu a tuungin a gintaathuai sih hi. Hujiahin dinmun khenkhat ah, Pathianni zingkal kikhop chauh ah tel in huleh nitaahlam chiangin a dawr uh a hong thei uhi.

A langkhat ah, gingtu pichingzosemte a diingin, lawhna chu amah diingin a buaihuai keei sih hi. A sep diing va masapen chu Pathian Thu man ahi, huchiin Pathianni a dawr khaahna tungtawn in a mang uhi. Huchiangin Pathian in a ginna uh a en a huleh Pathianni dawr a hon va a lawh a muh uh sanga tamzaw tham a muhna diing uh A bawlsah hi. Pathian in A chiam bangin manna apat in A veeng diinga, huleh sawndet, thing gaah, huleh totdet in A gualzawl diing hi.

Hikhu sualnate paihdohte tungah a kizang hi. Huatna, thangsiatna, huleh etlahna kichite paihdoh a hahsa a, hizongleh kuhkaltaha i haamtei chiangun paihdoh theih in a um diing hi. Ka mimal siltuaah apat in, haamteina toh paihdoh mei theihlouh sualnate, anngawlna toh ka paihdoh hi. Ni thum sung an ngawlna in na a tohlouh leh, ni ngaa sung ka ngawl hi. Hukhu in na a tohlouh nalai leh, ni sagih ka enkhe kiit hi, huzoh chiangin, ka sualna paihdoh ahih masang an ka ngawl hi. Huchiin, anngawl pelhna diinga sual paihkhia in ka kum jel hi!

Sualna khenkhatte paihdoh hahsa penpente i paihmang uleh, huchiangin sualna dangte chu paihmang a baihlam hi. Hikhu chu singkung a zung apat bohdoh toh kibang ahi. A zungpi i pohdoh uleh, a zung dang neute toh ahung pawtdohkhawm uhi.

Pathian i lungsiat uleh, A thupiaahte juih a hahsa sih hi. Pathian lungsiattu khat in A thute bangchidan a mangloua um thei diing ahiai? Pathian lungsiat kichi chu A thute man ahi. Hujiahin Amah na lungsiat leh, A thupiaahte zousiah na jui thei hi. Na mai ah Tuipi San banga lian leh Jericho khopi bang detdou buaina ahung kikholkhawm ei?

Hagaulam ginna i neih va, ginna natoh a i koih va, huleh dihtatna lampi a i pai uleh, Pathian in i buaina hahsa zousiah uh ahung suhvengsah diinga huleh i gimthuaahna ahung laahmangsah diing hi. Midih i hung hih sem uleh, i buainate uh venna ahung gangsema, huleh i haamteina uh zong ahung kinoh hi! Hujiahin a tawpna ah, Pathian midih khat banga ginna toh kal na suan chiangin hih khovel chauh ah na hinkhua in ma a sawn hilouin, hizongleh Vaangam ah zong kumtuang gualzawlna na tan chu ka kinepna ahi!

Glossary

Ngaihtuahna, Ngaihdan, huleh Lungsim Kilepdan

'Ngaihtuahna' chu, hinna nasepna tungtawn a, huaahbuuh sill cheptehna mun heetna kikholkhawmte hung laahdohna ahi. Hih ngaihtuahnate chu khen nih in a kikhen thei hi: tahsalam ngaihtuahnate Pathian kalh a um, huleh hagaulam ngaihtuahnate Pathian lungkimsah ahi. I silcheptehna a kikholkhawm heetna lahah, thudih chauh i tel uleh, hagaulam ngaihtuahnate i nei diing uhi. A lehlam a, thudih i teel uleh, tahsalam ngaihtuahnate i nei diing uhi.

'Ngaihdan' kichi chu siltuaah, siamna, ahihlouhleh siamzilna tungtawn a kimudoh heetna a kinga lemgelna ahi. Ngaihdan chu michih siltuaah, ngaihtuahnate, ahihlouh a khang a kinga in a tuam hi. Hikhu in kinialnate a umsah a, huleh hun tampi ah Pathian Thu kalh in a pai hi.

'Lungsim Kelepdan' chu mikhat in a diha a gintaat toh a lungsim lem chihna ahi. Lungsim kilepdan c mikhat mahni-kidihsahna ahung taah taluat chianga hung um ahi. Hikhu jiahin, khenkhatte a diingin a mihihna un ngei a lungsim kilepdan uh ahung suaah a, huleh khenkhatte a diingin a heetna uleh a ngaihdan a lungsim kilepdan uh ahung suaah hi. I lungsim va lungsim kilepdan muhdohna diingin Pathian Thu i zaah va huleh thudih i heetsiam va huleh puuhsah diing uh ahi.

Bung 8

Khrist Thumanna Ah

"Bangjiahin ahiai i chihleh tahsain um mah le'ung, tahsa douin ka dou sih uhi; Ajiahchu ka gaaldouna gaalvan u'chu tahsa ahi sih a, kulhpi dettah suhchimna diinga Pathian jala silbawlthei tah ahi jaw hi. Suangtuahnate leh Pathian heetna doudaala loupitaha kibawl sil saang chintengte paaikhiain, ngaihtuahna chinteng Khrist thumanna suaaha puuiin; Huleh na thumanna uh suhbukim ahih chianga, thumanglou zousiah phuba la diinga kipeihsa-a umin." (2 Korinthete 10:3-6)

Jesu Khrist i pom va ahihleh, huleh hagaulam ginna nei midihtat i hung hih uleh, Pathian apat gintaathuai lou khop gualzawlnate i tang diing uh hi. Thupitah a Pathian na tohna tungtawn a Pathian i paahtawi theih chauh hilou in, hizongleh haamteina a i nget taphot uh, Amahin ahung dawng diinga huleh i paina zousiah a khangtou hinkhua i zang thei diing uhi.

Ahihvangin, mi khenkhat Pathian a gingta kichi, ahinlah Pathian Thu manglou, huleh Pathian dihtatna tongdoh theilou a um uhi. Haamtei leh Lalpa a diinga naahtaha pang in a kisoi va, ahinlah gualzawlna a tang sih uhi, huleh ze-etna, gimthuaahna leh natna lahah a tham zing uhi. Mikhat in ginna a neihleh, mikhat chu Pathian Thu dungjuia a hin a huleh A gualzawlna kiningching a muh diing ahi. Hizongleh gingtute'n hikhu bang diinga bawl theilou uh ahiai? Hikhu jiah chu tahsalam ngaihtuahna a tuuhtaang jel jiah uh ahi.

Tahsalam ngaihtuahna Pathian toh kikalh

"Tahsa" kichi thumal in mikhat sualna toh kizop sapum a kawh hi. Hih sualna chu mikhat lungtang a thudihlou um, a pomlam a natoh a hung kilangdoh nailou. Hih thudihloute ngaihtuahna a, ahung kilatdoh chiangin, hih ngaihtuahnate chu "tahsalam ngaihtuahna" a kichi hi. Tahsalam ngaihtuahna i neih chiangun, thudih i mang veh thei sih uhi. Romte 8:7 in hichiin a chi hi, "...Sa lam lunggulh chu Pathian toh kidouna ahih jiahin; huchu Pathian daan nuaiah a um sih a, um zong a um theilou him ahi."

Huchiin, a biihtahin, hih tahsalam ngaihtuahnate bang ahiai? Ngaihtuahna chi nih a um hi. A khatna chu hagaulam ngaihtuahnate, thudih, Pathian daante, dungjuia gamta diinga hung panpihtu ahi, huleh a khatpen chu tahsalam ngaihtuahna Pathian daante dungjuia gamtatna apat a hung daaltu ahi (Romte 8:6). Thudih leh thudihlou kikal teel in, hagaulam ngaihtuahna ahihlouhleh tahsalam ngaihtuahna i nei thei uhi.

Khatveivei i mi ngaihlouh khat i muh chiangun, a langkhat ah, amah i huatna lungsim uh dungjuiin huh mipa deihlouhna ngaihtuahna i nei meithei uhi. A lehlam ah, huh mipa lungsiat tupna ngaihtuahna i nei meithei uhi. I innveeng uh silhoih mahmah khat nei i muh uleh, amah apat guuhna diing i ngaihtuahkha thei va ahihlouhleh i innveengte neihsa thangsiat louh diing ahi chih ngaihtuahna i nei meithei uhi.

Ngaihtuahna Pathian daan "Na innveengte lungsiat in," huleh "Eng sin," chi toh kituaahte, hite chu hagaulam ngaihtuahna ahi. Hizongleh ngaihtuahnate ho diing leh gu diinga hung tohthoutu chu Pathian daante toh a kikalh a; huleh huchiin tahsalam ngaihtuahna ahi.

Tahsalam ngaihtuahnate chu Pathian toh a kikalh hi; hujiahin i hagaulam khattouhna ahung subuai a huleh Pathian kalh in a pai hi. Tahsalam ngaihtuahnate i juih uleh, Pathian apat i pai gamla a, khovel ah i puuh va, huleh a tawpna ah ze-etna leh gimthuaahna i tuaah diing uhi. Hih khovel apat i muh, i za, huleh i zildoh sil tampi a um hi. Hute lahah Patian deihzawng toh kikalh leh ginna a i paina ahung tohbuai hi. Hih silte a bawna tahsalam ngaihtuahnate Pathian toh kikalh ahi veh hi chih i heetdoh diinguh ahi. Huleh hutobag ngaihtuahnate i heetdoh kalsiah uh, a bawn a i paihmang uh a ngai hi. Hikhu nang a diinga dih hileh kilawm mahleh, Pathian deihzawng toh a kituaahlouh, hikhu tahsalam ngaihtuahna ahi a, huleh hujiahin Pathian kalh in a um hi.

Peter dinmun i ngaihtuah ni. Jesu'n nungjuite kawma kilhbeh diinga Jerusalem a, A chiah diingdan leh ni thumni a, a thoh kiit diingdan A hilh chiangin, Peter in hichiin a chi hi, "Pathian in Lalpa, hihin hung gamlaat heh; na tungah a tung hial sih diing, chiin a taaihilha." (Matthai 16:22). Hizongleh huchiin Jesu'n hichiin A chi hi, "Peter kawmah, Setan, ka nungah paiin; kei diingin puuhna na hi; nang Pathian silte ngaihtuah louin mihing silte na ngaihtuah jawh jiahin." (Matthai 16:23).

Jesu'n nungjui muanhuaipen, Peter in hikhu a houtupa uh a lungsiat jala a soi ahi. Hizongleh a siltup bangchituhin hoih zongleh, a thusoite chu Pathian deihzawng toh a kikalh hi. Ajiahchu Ama'n kross A puaah a huleh hutdamna kot honna diinga Pathian deihzawng ahihjiahin, Jesu'n Setan, a ngaihtuahna tungtawn a Peter suhbuai sawm A paihmangna diing ahi. A tawpna ah, Jesu sihna leh thohkiitna tuaahkha ahihjiahin, Peter in Pathian lama tahsalam ngaihtuahna chu bangchituha phatuamlou leh thumanlouhhuai hi ahiai chih ahng hedoh a, huleh hutobang ngaihtuahna zousiah a susia hi. Hukhu jalin, Peter chu Khrist tanchinhoih thehdalhna leh kouhtuam masapen detna diinga a chabi hongtu ahi.

"Mahni-Kidihtatsahna" – tahsalam ngaihtuahna pipen khat

Tahsalam ngaihtuahna zousiahte lahah "mahni-kidihtatsahna" etsahna lianpen ahi. Mawltaha koih in, "mahni-kidihtatsahna" chu nang na dih chia kinialna ahi. Mikhat a pianzoh chiangin, a nulepate leh houtute apat in sil tampi a zildoh hi. Lawmte leh a umna kiim a sil umte tungtawn in silte a zildoh hi.

Hizongleh mikhat nulepate leh houtute bangzahin thupi zongleh, mikhat in thudih chauh a zildoh chu sil baihlam ahi sih hi. Pathian deihzawng toh kikalh sil tampi a zilkhiat zong sil baihlam mahmah khat ahi. A dihtahin michih in a dih a, a ngaihtuah khu mite a hilh sawm hi; ahihvangin, Pathian in dihtatna A tehna apat et in, sil zousiah a dihlou phial ahi. A dih chu tawmtakhat ahi. Hikhu jiah chu Pathian chihlouh koimah a hoih a um sih hi (Mark 10:18; Luke 18:19).

Etsahna diingin, Pathian in gilou chu hoihna a thuh diingin ahung hilh hi. Mikhat in meel khat paipih diinga ahung sawlleh, amah toh meel nih pai in ahung chi hi. Na puannaah ahung laahsah leh, na puannuai silh zong pia in. Natohsahtu chu a lianzaw a, huleh huchiin petu leh kipumpiahtu chu a tawpna ah a gualzou dihtah ahi chih ahung hilh hi. Hizongleh mite'n "dihtatna" chia a ngaihtuah uh chu mi tuam dungjuiin a tuam hi. Amahun gilou chu gilou a thuh diingin, huleh i zoh masangsiah a tawptan a gilou dou diingin ahung hilh uhi.

Hiah etsahna mawltah khat a um hi. Nata chu a lawm khat inn ah a va chiah a huleh kapsa in ahung tung hi. A mai chu khutchin a kiphuai bangin a um hi. Hih hun ah, nulepa tamzote a lungthah va huleh a ta uh a taihilh uhi. Dinmun khawhtah khenkhat ah, nulepate'n, "A kiit chiangin tou meimei nawn sin. Nang zong thuh in!" a chi uhi. Naupang jep a um chu haatlouhna, ahihlouhleh guallelhna ahi chiin a hilh uhi.

Huleh, damlouhna jiaha gimthuaa mi zong a um uhi. A enkoltute'n bang ngaihdan nei uh chih gen louh in, sil tuamtuam a ngen va, amahuh nuam deuh a um a sawm uhi. Damloupa etna apat in, a natna uh a thupi beehseeh jiahin a gamtatna uh a kisiamtan uhi. Ahihvangin, Pathian in eimah lawhna diing i hawl sih diing va, hizongleh midangte nopsahna diing hawl diing ahizaw chih ahung hilh hi. Hikhu ahi mihing ngaihtuahna leh Pathian ngaihtuahnate kibatlouhna. Mihing in dihtatna a tehna leh Pathian in dihtatna A tehna a kibang sih mahmah hi.

Siamchiilbu 37:2 ah, Joseph, a dihtatna jala a sanggamte'n a vangkim a, a pa tunga a silbawl dihlou a kawhdoh hi. Amah dinmun apat in, a sanggmate gamtatna daanbeina a deih sih hi. Joseph in a lungtang ah hoihna tamzodeuh ana neih hitaleh, Pathian pilna a hawl diinga huleh a sanggamte sulungnuamlou sese louin suhvengna hoihzaw leh lungkimhuaizaw a hawl diing hi. Ahihvangin, amah kidihtatsahna jiahin, a sanggamte'n a hua va, huleh a khut va pat in Aigupta ah suaah a zuaah in a um hi. Hujiahin, hitobang in, 'dihtatna' chih na ngaihtuah jiahin mikhat na suhlungnoplouh leh hitobang gimthuaahna na tuaah meithei hi.

Ahihvangin, Joseph in ze-etna leh gimthuaahna a tuaah tungtawn a Pathian dihtatna heetdoh nungin, a tungah bang a tung ei? A mahni-kidihtatsahna a paihmang a huleh Aigupta a 'Prime Minister' dinmun ah ahung kaisang a huleh mi tampi tunga vaihawmna diing thuneihna a loh hi. Kialna thupitah apat in a innkuanpihte a sanggampa amah suaah diinga zuaahpa tel in a hundam hi. Israel nam tundingna diing kingahna zong a siamdoh hi.

Sawltaah Paul in a tahsalam ngaihtuahna a susia

Philippite 3:7-9 ah, Paul in hichiin a chi hi, "Hizongleh sil kei diinga lawhna zousiah chu Khrist jiahin mannain ka ngaita hi. Ahi, tahzetin, Khrist Jesu, ka Lalpa heetna hoih jiahin sil zousiah chu manna giapin ka ngai ahi; amah jiahin sil zousiah ka taan ta a, huleh hute chu eeh bang giapin ka ngai hi, Khrist ka tan theih na diingin, Huleh daanbu-a um banga keimah dihtatna nei hiloua, Khrist gin jala um, ginna-a Pathian dihtatna chu nei a amaha muha ka um theih na diingin...."

Cilicia khopi, Tarsua, a piang in, Paul chu a pianken a Rom khua leh tui a mi ahi. Rom hulaia khovel a vaihawmtu khua leh tui hihna nei kichi chu ama'n khotaang ah bawltheihna bangzah ahakhat a nei chihna ahi. Hikhu banah, Paul chu Benjamin nam apat (Silbawlte 22:3) Pharisai kuulmuut mahmah khat ahi, huleh ama'n Gamaliel, hu laia lehkhasiam penpen, nuaiah a sim hi.

Judate leha hahpanpen ahihna ah, Paul chu Khristiante soisatu lamkai ana hi hi. A dihtahin, amah chu Damaskas a Khristian umte man diinga pai lai ahi, Jesu Khrist a muh hun in. Hih Lalpa toh kimuhna tungtawn in, Paul in a silbawlsual a hedoh a, huleh Jesu chu Hundampa dihtah ahi chih ahung hedoh hi. Hu hun a kipat in, a lehkhasiamna, a ngaihsanzawngte, huleh khotaang a, a dinmun a nusia a huleh Lalpa a jui hi.

Jesu Khrist toh a kituaah nungun, Paul in a lawhna a, a ngaihtuah silte zousiah manna in a ngaita a, bang jiah ahiai? A heetna zousiah mihing, sil siam meimei giap, chih a hedoh a, huleh huchiin a zim mahmah hi. Ama'n mihing in Pathian a gintaatna leh Jesu Khrist pomna jalin hinna a tang thei in huleh Vaangam ah kumtuang kipaahna a tang thei chih zong ahung zildoh a, huleh heetna leh heetsiamna kipatna chu Pathian ahi chih ahung hesiam hi.

Paul in hih khovel lehkhasiamna heetna chu hih khovel a hinna diinga poimoh giap ahi, hizongleh Jesu Khrist chu mihing buaina bulpi suveng thei heetna zahumpen ahi. Jesu Khrist heetna sunga, silbawltheihna leh thuneihna, gousilte, zahumna, leh hauhsatna tawpneilou a um hi. Hih thudih a ginna dettah a neih jiahin, hih khovel lehkhasiamna heetna leh heetsiamna zousiah manna leh eeh bang a ngai hi. Hikhu chu Khrist a neihna diing leh Amah a kimuhdohna diing ahi

Mikhat a kisahtheih a huleh "Ka he" chia a ngaihtuah a, huleh amah leh amah a kideihkhop a, "Ka dih gige hi," chia a kingaihtuah leh, amah hihna dihtah a hedoh sih diinga, huleh amah chu a hoihpen in a kingaihtuah gige diing hi. Hitobang mi in lungtang kinaihngiamna toh midangte thusoi a ngaikhe sih diing a; hujiahin a zildoh thei sih a huleh bangmah a hesiam thei sih hi. Ahihvangin, Paul in Jesu Khrist, bangchihlaipouh a houtu thupipen toh a kituaah hi. Huleh A thuhilhte amah a mah hihsahna diingin, hun khat a thudih a ana ngaihtuah a tahsalam ngaihtuahnate zousiah a paihmang hi. Hikhu jiahin Paul in a tahsalam ngaihtuahnate Khrist heetna zahumtah neihna diingin a paihmang hi.

Hujiahin, sawltaah Paul in ," ...daanbu-a um banga keimah dihtatna nei hiloua, Khrist gin jala um, ginna-a Pathian dihtatna chu nei a amaha muha ka um theih na diingin (Philipite 3:9) chia kiphuang in, Pathian lungkimsah dihtatna a tongdoh thei hi.

Pathian apat hung kuan dihtatna

Lalpa toh kituaah masang un, sawltaah Paul in khauhtahin Daan a jui a huleh midih in amah leh amah a kingaihtuah hi. Hizongleh Lalpa toh a kituaah a huleh Hagau Siangthou a tan nung in, a hihna dihtah a mudoh a huleh , "Misualte tandoh diingin Jesu Khrist khovel ah A hung, hute laha kei chu a giloupen ka hi," (1 Timothy 1:15), a chi hi. Ama'n sual bulpi leh mahni-bawl sualnate/ natoh a sualnate a nih in a nei chih ahung hedoh a, huleh lungsiatna dih, hagaulam hi a suhbuching diing chih a hedoh hi. A tuung apat dihtat a huleh Pathian lungkimna ginna a ana pai hileh, Jesu koi ahih ana he diinga a bul apat in A na ana tong diing hi. Ahihvangin, Hundamna ana he sih a, huleh huchih naahsangin Jesu a gingtate a soisa hi. Hujiahin, sil tengteng a, Pharisaite Jesu kross a kilhbehte toh a kikhiatna uh a um sih hi.

Thuhun Lui hunte ah, mit luanga mit huleh ha luanga ha a piaah uh a ngai hi. Daan dungjuiin, mikhat in tual a thah a huleh ang a kawm leh, suang a sehlup ahi. Hizongleh Pharisaite'n Daan in tuun Pathian lungtang dihtah a hesiam sih uhi. Pathian lungsiattu in bangjiahin hutabang daan ana siam diai?

Thuhun Lui hunte ah, Hagau Siangthou mite lungtang ah ahung luut sih hi. Thuhun Thah hunte a Hagau Siangthou, Panpihtu tangte sangin a gamtatna uh thunun chu amahuh a diingin a hahsazaw hi. Huchiin, ngaihdamna chauh a um a gawtna a umlouhleh sualna chu kintahin ahung kithehdalh diing hi. Hikhu jiahin, mite sual bawl diing venna diingin huleh sual ahung kithehdalh louhna diingin, hinna luanga hinna, mit luanga mit, ha luanga ha, huleh keeng luanga keeng ana piaah uh a ngai hi. Huleh, tualthahna leh angkawmna chu, khovel paizia mawngmawng ah zong sualna khawhtah ahi. Mikhat hitobang sualnate bawltu chu lungtang khauhtah nei mi ahi. Hitobang mi a diingin a lampi apat kihei chu a hahsa mahmah hi. Hujiahin, hutdamna a tan theihlouh jiahin, huleh Meidiil a pai thouthou diing ahihjiahin, amah chu suanga sehlup a huleh huh gawtna chu midangte a diinga kivauna leh a san diinga a kizat a hoihzaw hi.

Hikhu chu Pathian lungsiatna zong ahi, hizongleh Pathian in mihing chu mit luanga mit, huleh ha luanga ha a piaah a ngaihna diinga ginna daan banga um nei diingin A ngaihtuah ahihlouhleh deihsah ngei sih hi. Daanpiaahkiitbu 10:16 ah, Pathian in, "Hujiahin na lungtang teep uh tan unla, pheengphi nawn sih un," A chi hi. Huleh Jeremiah 4:4 in hichiin a chi hi, "LALPA diingin na zeh uh tan unla, na lungtang vunteepte uh lamang un, nanguh Judah mite leh Jerusalem a teengte haw: huchilouin chu ka lungthahna mei bangin ahung kuangdoh diinga, na silgilou bawlte uh jiahin koimah suhmit guallouin a kaang kha diing hi."

Thuhun Lui hunte nasan ah, Pathian in A heetpha zawlneite'n ginna daanbang a nei sih uhi. Hikhu jiah chu Pathian in hagaulam lungsiatna leh khotuahna A deih tahzet hi. Jesu Khrist in Daan chu lungsiatna toh A suhbuchin jiahin, huh zawlnei leh pulepate Pathian lungsiatna leh gualzawlna tangte'n lungsiatna leh muanna A hawl uhi.

Mosi hinkhua ah, Israel tate'n ngaihdam theihlouh sual a bawlna jal va si diing dinmun a, a um chiangun, amah hutdamna toh a hinna uh kiheng diing khop in Pathian kawmah a ngen hi. Paul, bangteng hileh, chu Jesu Khrist toh a kituaah ma un hutobang ahi sih hi. Amah chu Pathian mitmuh in midihtat ahi sih hi. Amah mitmuh chauh in a dih hi.

Khrist toh a kituaah nungun a ma a, a heet zousiah chu manna in a ngaihtuah a, huleh Khrist heetna siangthou a thehdalh hi. Hagau a lungsiatna ah, Paul in a chiahna ah kouhtuamte a phutdoh a, huleh tanchinhoih a diingin a kilaankhia hi. Ama'n hinkhua manphapen leh luulpen a mang hi.

Saul in a tahsalam ngaihtuahna toh Pathian thu a mang sih

Saul chu a tahsalam ngaihtuahnate jiaha Pathian langa ding mikhat etsahna lianpen ahi. Zawlnei Samuel in a thaunuh, Saul chu Israel kumpi masapen kum 40 sung gam vaihawmtu ahi. Kumpi ahih masangin, amah chu mi kingaingiamtah ahi. Hizongleh kumpi ahung hih nungin, ahung kiliansah deuhdeuh hi. Etsahna diingin, Philistinete toh Israel kidou diinga a kisah laiun huleh Zawlnei Samuel a hunchiam a ahung tun louh chiangin, huleh mipite a kithehdalh laiun, siampu chauh in maitaam a kithoihna a lat diing ahihvangin, Saul in amah leh amah in kithoihna a laan, huleh amah lemsahna bangin, Pathian deihna kalh in a gamta hi. Huleh Samuel in siampi gamgi bangmah a ngailou chia a taaihilh chiangin, kisiih malahah, Saul in kintahin suanlam a bawl hi.

Huleh Pathian in 'Amalekitete suchimite veh' diinga A sawl laiin, thu a mang sih hi. A kumpipa uh a hing mat hi. A ganhon lahva a hoih mahmahte a hawi a huleh ahung pui hi. A tahsalam ngaihtuahna hung luut diing a phalsah jiahin, Pathian thusoite masang ah amah mimal ngaihtuahna a koih hi. Huleh huchiin a mipite amah vawhsang diingin a ngen hi. A tawpna ah, Pathian in A mai amah apat in A sel a, huleh amah chu hagau giloute in a soisa hi. Hizongleh hitobang dinmun nuai ah nasan ah, gilou apat a kihemkhe nuam sih a, huleh David, Pathian in A thaunuh, thah a tum hi. Pathian in Saul kihei kiitna diing hun lemchang tampi A piaah a, hizongleh a tahsalam ngaihtuahna a paihmang thei sih a, huleh Pathian manglou in, khat a um kiit hi. A tawpna ah, sihna lampi a tawn hi.

Ginna tungtawn a Pathian dihtatna suhbuchinna lampi

Huchi ahihleh Pathian kalh a um tahsalam ngaihtuahna paihmang in huleh Pathian mitmuh a midihtat hung hi thei diing i hi viai? Suangtuahna leh Pathian heetna kalh a ding sil khat pouhpouh i suhsiat va, huleh Khrist thumanna a saltaang ngaihtuahna chinteng i laah diing uh ahi (2 Korinthete 10:5).

Khrist thu man kichi chu koltaang ahihlouhleh gentheihna chihna ahi sih hi. Hikhu chu gualzawlna leh kumtuang hinna lampi ahi. Hikhu jiah ahi Jesu Khrist a Hundampa va pom leh Pathian lungsiatnalimdang tuaahkhate'n A Thu a man va huleh A lungtang a ettonna jiah uh.

Hujiahin, Jesu Khrist a dihtatna tungtawn a Pathian dihtatna i muhna diingun, gilou a kilang taphot i paihdoh diing uh ahi (1 Thessalonikhate 5:22) huleh hoihna i tohdoh sawmna diing jiah uh. Na lungtang a thudihlou na pai louhleh tahsalam ngaihtuahna dihlou na nei sih diing hi. Nangmah a thudihlou na neih zahzah in Setan na na tang diing diinga huleh gilou lampi ah na pai diing hi. Hujiahin, Khrist thuman kichi chu i sunglam apat thudihloute paihmang a huleh Pathian Thu he leh hukhu dungjuia gamta chihna ahi.

Pathian in "kikhopkhawmna lama kipumpiaah" diinga ahung hilh leh, i ngaihtuahna zang seselou in, kikhopkhawmna i ngaihsah diing uh ahi. Biahna kikhopna a i tel uh toh kiton in, Pathian lampite i hesiam diing va huleh hu dungjuiin i thumang diing uhi. Ahihvangin, Pathian Thu i heet jiahun sil zousiah i bawlpahngal thei diingun chihna ahi sih hi. Thu chu natoh a i juih thiehna diinga haatna i muhna diingun, i haamtei diing uhi. I haamtei chiangun, Hagau Siangthou in i hung dim va, huleh tahsalam ngaihtuahnate i sattan thei uhi. Hizongleh i haamtei louh va ahihleh, i tahsalam ngaihtuahna in ahung mantaang diinga huleh ahung puimang diing hi.

Hujiahin, Pathian Thu dungjuia i hinna diingun kuhkaltahin pan i la diing uhi. Jesu Khrist i tuaahkha ma un, tahsalam lunggulhna juiin hichiin ina chi meithei uhi, 'i tawldam diing va, nuamtahin, dawn in huleh ne in huleh kipaah in i um diing uh." Hizongleh Jesu Khrist i muhnung chiangun, A lalgam leh A dihtat i ngaihtuah diing va, huleh i ginna uh nasep a latsahna diingin na hahtohin i tong diing uhi. Giitlouhna huatna huleh thangsiatna Pathian Thu toh kikalhte i hawldoh va huleh i paihmang diing uh ahi. Jesu'n a bawl banga – meelmate lungsiat a huleh midangte na tohsah laia i kingiamkhiah diing uh ahi. Huchiangin, hikhu umzia chu Pathian dihtatna i tongdoh uh chihna ahi.

Suangtuahnate leh Pathian heetna kalh a hung dingdoh sil photmah na hung suhsiat theih a huleh sawltaah Paul in ana bawl banga Khrist thumanna a ngaihtuahna chinteng na saltaansah a, huchia Pathian apat pilna leh heetsiamna tan a huleh sil zousiah a khangtou midihtat na hung hih chu ka kinem hi.

Glossary

Ginna, Thumanna, huleh Nasepte Dihtatna

Ginna dihtatna chu Pathian Thu a muanna jala sil hihna muh meimei sanga ginna mitte toh a gah hoih muhna ahi. Hikhu chu mahni ngaihtuahna leh hihtheihna chauh a kinga loua, hizongleh Pathian Thu chauh a kingahna ahi.

Thumanna dihtatna chu mikhat in amah haatna toh a tohdoh thupiaah manna mei ahi sih hi. Hikhu chu, thudih gamgi sunga, tohdoh theihlouh diinga mikhat in a ngaihtuah nasan tohdohna ahi. Mikhat in dihtatna ginna a neih leh thumanna dihtatna zong a subuching thei hi. Mikhat dihtatna ginna a kinga a thumanna dihtatna subuching in ginna toh thu a mang thei hi, a tahtah a sil hitheilou dinmun nasan ah.

Nasepte a dihtatna suanlam bangmah bawllou a Pathian deihna dungjuia, Pathian in A deih silkhat ahih sungteng, gamtatna ahi. Nasepte a dihtat zohna chu mikhat beelh hihna leh lungtang hihna a kinga in a chituam chiat hi. Mikhat in amahuh lawhna diing a nelhsiah sem a huleh midangte lawhna diing a hawl semsem leh, mikhat in hichibang dihtatna a subuching thei hi.

~ Bung 9 ~

Lalpa in A Paahtaat Mipa

"Ajiahchu amah kiphat chu phatin a um sih a, Lalpa'n aphat chu mipha ahi jaw hi.."
(2 Korinthete 10:18)

Bangtobang lama natoh hizonglei, i natoh a ma i sawn uleh, paahtaat i loh thei hi. Ahihvangin, mi meimei khat in ahung paahtaat toh na tohna mun a siamna nei khat in ahung paahtaat kibatlouhna a um hi. Hujiahin i Lalpa uh, kumpite Kumpi, lalte Lal in ahung phawhphaah leh, a kipaahna chu hih khovel a bangmah teehkaah gual ahi sih diing hi!

Lalpa in A paahtaat mipa

Pathian in mi a lungtang uh dihte, Khrist gimtuina neite, A paahta hi. Bible ah, Jesu'n paahtaatna A pia mi a tam sih hi. Hizongleh Ama'n hukhu A bawl chiangin, tangtaha bawl louin himahleh heem soi in "Na silbawl a dih hi," "Hikhu he zing un," "Hikhu soidalh un," chih thumalte zang in A bawl hi.

Luke bung 21 ah, meithainu'n sumeng sum neucha nih thohlawm a thoh i mu uhi. Jesu'n hih meithainu a neihzousiah thohnu A phat hichiin a soi hi,

"Huin ama'n, Chihtahzetin ka hung hilh ahi, amahuh zousiah saangin hi meithai jawngnuin akhetam jaw hi. Bang jiahin i chihleh hite zousiahin a neih tuang uh Pathian thohlawmah akhiava; hizongleh ama'n chu a hinna diinga a neihsun teng akheveh hi, a chi a" (c. 3-4).

Mark bung 14 ah, numei khat in Jesu lutung a silgimtui mantamtah a sunbuaah i mu hi. Mi khenkhatte hutaha umte'n amahnu hikhu jiahin a tai va, hichiin a chi hi, "Hichu makhai ja thum saanga tamjaw a juaah-a, mi gentheite kawma piaah theih diing ahi ngaala, a chiva. Huchiin amahnu tungah aphun ta uhi" (c. 5).

Hikhu ah, Jesu'n hichiin a chi hi, "Huin Jesu'n, Amahnu chu a um umin umsah un, bangdiinga subuai na hi viai? ka tungah na hoih atong ahi. Ajiahchu migentheite na kawmvah a um zingva, na ut hun teng un na panpih thei uh; hizongleh keichu na kawmvah ka um zing sih hi. Amahnu'n a bawl theih tawp a bawlta ahi, ka sapum vuui diinga thau hung nuh khawl ahi" (c. 6-9).

Hitobang a Lalpa paahtaat na ut leh, na bawl diing dawl na bawl masat a ngai hi. Huchiin, hutobang silte Pathian mite i hihna dawl va i bawl diing dawlte uh silte chiangtaha i suidoh diing uh ahi.

Pathian in A pom hi diingin

1) Pathian mai ah kuhkaltaha maitaam bawl diingin

Siamchiilbu 12:7-8 in hichiin a soi hi, "Huleh LALPA chu Abram kawmah a kilaah a, Na haah kawmah hi gam ka pe diing, a chi a. Hutah ah ama'n a kawma kilaah LALPA diingin maitaam a bawl hi. Huleh hu-a kipanin Bethel suahlama taang khatah a kisuana, tumlama Bethel umin, suahlama Hai umin a puaninn ajaah a; hutah ah LALPA diingin maitaam a bawl a, LALPA min a kou hi. Hubanah, Siamchiilbu 13:4 leh 13:18 ah, Abraham in Pathian mai ah maitaam a siam chih zong a kigial hi.

Siamchiilbu bung 28 ah Jakob in Pathian mai a maitaam a bawldan i mu uhi. Amah thah sawm a sanggampa apat a taimang laiin, Jakob chu suang tangkhap a, a khapna mun ahung tung hi. A mang in, keellei vaan tan a kidoh a mu a, huleh Pathian angelte kaltou leh kumsuh a mu, huleh Pathian awging a za hi. A zingni zingkal a, a thohdoh in, Jakob in suang tangkhap a, a zat khu a la a, khuam bangin a phut a, a tungah sathau a sung a, huleh hutahah Pathian a paahtawi hi.

Tuni hun a diingin, Pathian maia maitaam bawl kichi chu biahinn kai leh biahna kikhopna a tel toh a kibang hi. Hikhu chu kipaahthu soikawm a i lungtang zousiah utoh sillat dihtah bawl ahi; hikhu Pathian Thu ngaihkhiaah leh i lungtang va diinga an bang neeh chihna ahi. Hikhu chu thu i zaahte uh laluut a huleh a taha tongdoh chihna ahi. Hichibangin, hagau leh thudih a i biah utoh kiton in, Thu i juih utoh kiton in, Pathian chu eite tungah A kipaah a huleh gualzawlna hinkhua ah ahung pui hi.

2) Pathian in A za ut haamteinate laamtou in

Haamteina chu hagaulam haihna ahi. Hikhu chu Pathian toh kihouna ahi. Haamteina poimohna chu Bible pumpi ah mun tuamtuam tampi ah a kisoi hi. A dihtahin A kim sipsip in A kawmah soi sih zonglei, a bawn in A hezouta hi. Ahihvangin,

Amah chu ei toh kihou ut ahihjiah leh lungsiatna ahung kikoppih ut jiahin, Pathian in Matthai 7:7 ah, "Ngen un, piaah in na um diing uh," ahung chi hi.

I hagau a khan a huleh Vaangam i luutna diingun, i haamtei uh a ngai hi. Pathian hamuanna leh silbawltheihna huleh Hagau Siangthou a i dim chiangun, thudih toh kikalh tahsalam ngaihtuahna i paihmang thei va huleh Pathian Thu, thudih, toh i hung dim thei uhi. Huleh, thudih mi, hagau mi i hung theihna diing va i haamtei uh a ngai hi. Haamteina jalin, sil zousiah ah i khangtou diing va huleh i hagau uh zong ahung khantouh toh kiton in i hung damthei diing uhi.

Pathian in A lungsiat leh phawhphaahte chu mi haamtei mite ahi uhi. 1 Samuel 12:23 in hichiin a chi hi, "Haamteina khawlsan in LALPA kalh in ka sual mawngmawng sih diing hi." Mihing hihtheihna toh hitheilou Pathian apat i muhna diingun, Pathian toh i kihou diing uh ahi. Daniel, Peter, leh sawltaah Paul chu mi haamtei mi ahi uhi. Jesu zong zingkal baihtahin huleh khatveivei zaankhovaah in A haamtei hi. Gethsemane a khosaul sisan luang khopa A haamteina tangthu chu a minthang mahmah hi.

3) Dawnna muhna diingin ginna nei in

Matthai bung 8 ah, Jesu mu diingin sepaih zahoutu khat a hung hi. Hulaiin Israel chu Rom in a opkhum ahi. Rom sepaih laha sepaih zahoutu chu tulai a sepaih sap lian mahmah toh kibang ahi. Sepaih zahoutu in Jesu kawmah a suaahpa zeng khat sudam diingin a ngen hi. Jesu'n sepaih zahoutu lungsiatna leh ginna A mu a, huchiin a suaahpa sudam a va chiah diingin A sawm hi.

Hizongleh sepaih zahoutu in hitobang ginna thupuan a bawl hi, "Sepaihjaheutu'n a dawnga, Lalpa, ka inn sunga na hung luutna taah ka hi sih hi; thu chauh soiin, huchiin ka suaahpa chu a lum mei diing. Ajiahchu kei zong thuneihna nuaia um ka hia, ka nuaiah sepaihte a um va; huleh khat kawmah, Chiahin, ka chihleh a chiaha, huleh a lung kawmah, Hungin, ka chihleh ahunga; huleh ka suaahpa kawmah, hi bawlin, ka chihleh a bawl jel hi" (Matthai 8:8-9).

Sepaih zahoutu ginna leh kingaihngiamna luul mahmah ahi chih mu in, Jesu'n hichiin A chi hi, "Chihtahzet in ka hung hilh ahi, Israel lahah koima hutobang ginna thupi Ka mu nai sih," (c. 10). Mi tampite'n hitobang ginna neih a lunggulh uhi, hizongleh i utthu in hitobang ginna i nei thei mei sih uhi. I lungtang hoihna i neih sem va huleh Pathian Thu a taha i juih semsem uleh, huchibangin ahi Pathian in hitobang ginna tamsem ahung piaah diing. Sepaih zahoutu in lungtang hoih a neih jiahin, Jesu toh a muh leh a zaahte, a gingta mei hi. Hichibangin, Pathian in koipouh gingta a huleh a natoh a, a ginna langsah chu A paahta a, huleh Pathian in a ginna uh dungjuiin na a tong hi.

4) Pathian maiah lungtang kingaingiam nei in

Mark bung 7 ah, Syrophenician numei lungtang kingaingiamtah toh Jesu kawma hung pai a, a tanu dawimat Amah in A sudamsah deih a um hi. Numeinu'n a tanu sudam diinga Amah a nget chiangin, Jesu'n "Hizongleh Jesu'n amahnu kawmah, Tate hung vah phot u'heh; tate tanghou laahsah-a uite kawma piaah a kilawm sih" (c.27). Numeinu a lungthah sih a huleh nuammoh a sa sih hi, ui toh tehkaah in um mahleh.

Bangteng hizongleh dawnna muh diing lunggulhna lianpi toh dim ahihjiahin, huleh Jesu, Amah ngei thudih hi, a gintaat jiahin kingaihngiamna umdan toh a kingaingiam a huleh a ngen teitei hi, 'Ahi, Lalpa, hizongleh uite'n dohkaan nuai a naupangte khate neng nasan a neeh uhi" (c. 28). Jesu chu a ginna leh a kingaihngiamna in a khoih a huchiin a ngetna A dawnga hichiin A chi hi, "Chiah in, na tanu apat in dawi nohdoh ahita hi" (c. 29). I hawl va huleh i haamtei laiun hichibang kingaihngiamna Pathian maia i neih diing uh ahi.

5) Ginna toh chituh in

Ginna toh chituh kichi zong dihtatna, Pathian paahtaat khat ahi. Hauhsat na ut leh, chituhdan leh aatdan dungjuiin tuh in. Hikhu chu sawmakhat piaahna leh kipaahna sillat latna ah a zat theih hi. Khovel a sil umta daan i et leh, na tuh gah na aat chih a kimu thei hi. Gehu na tuh leh, gehu mah na aat diing hi, huleh be na tuh leh be mah aat diing hi. Tawm na tuh leh tawm na aat diinga, huleh tam na tuh leh, tam na aat diing hi. Lei hoih a na tuh leh, gah hoih na aat diinga; huleh na taimaat a huleh na etkol hoih leh, gah deihhuai sem na aat diing hi.

Pathian maia sillat i neihte chu hagau hutdamna diing, biahinn bawlna diing, huleh tanchinhoih natohna a panlaahna leh panpih ngaite panpihna in a kizang hi. Hikhu jiahin ahi Pathian i lungsiatna uh sillatte tungtawn a i latsah theih uh. Sillatte chu Pathian lalgam leh A dihtatna suhbuchinna diingin a kizang a, huchiin Pathian in hih sillatte kipaahna leh gualzawlna a leh 30, 60, ahihlouhleh 100 a hung thuh in A sang hi. Siamtu Pathian bang taahsap nei a Amah kawma sillatte laan diinga hung hilh ahi diai? I tuh gah aatna diing leh A gualzawlna muhna diinga hun lemchang hung bawlsah ahi!

2 Korinthete 9:6-7 a kigial bangin, "Hizongleh hichu ka soi ahi, Atheh tawmin a aat tawm diinga, atheh tamin a aat tam diing hi. Mi chinin a lungtanga atup bang jelin pia heh;

phallousa-sa-a, ahihlouhleh piahlouh theihlouh-a ngaia pelouin; ajiahchu Pathian in kipaahtaha petu chu a lungsiat hi."

6) Pathian ah hun zousiah in muang inla huleh kinga in

David in Pathian a dong gige a, huchiin Pathian in a lampi ah A pui a huleh hahsatna tuamtuam pumpelh diingin A panpih hi. David in Pathian kawmah, "Hikhu ka bawl diai, hukhu ka bawl diai?" chiin silbangkim phial ah a dong a, huleh A thupiaah dungjuiin a gamtaang hi (Ref: 1 Samuel bung 23). Hujiahin, kidouna tampi ah a gualzou thei hi. Hikhu jiahin Pathian a muang leh A thupiaah jui gige A tate A lungsiat hi. Ahihvangin, Pathian chu 'Pa' chia i kouh a, huleh khovel ahihlouhleh i mahni heetna Pathian sanga i muanzawh nalai uleh, Pathian in ahung panpih thei sih hi.

Thudih a i um sem uleh, Pathian i dong thei semsem va huleh Lalpa'n zong ahung paahta thei hi. I bawl taphot ah, a masapen leh a poimohpen in Pathian pilna hawl in i um diing va huleh huchiin A dawnna leh mapuina tang diingin i ngaah diing uhi.

7) Pathian Thu Mang in

Pathian in, "Sabbath Ni kem siangthou in," chia ahung thupiaah bangin, biahinn kai in, bia in, gingtu dangte toh kithuah in, huleh a siangthou a ni zang in i um diing uh ahi. Huleh Ama'n, "Kipaah zing un, huleh silbangkim ah kipaahthu soi un," ahug chih jiahin, i lampi bangteng hung tung zongleh i kipaah va huleh i nuam gige diing uh ahi. Mite a lungtang va hitobang a, A thupiaahte jui a huleh mangte'n, Pathian umpih gigena gualzawlna a tang uhi.

Thumanna tungtawn in, Peter, Jesu nungjui, in sil chituam khat a tuaah hi. Biahinn siahte piaahna diingin, Jesu'n Peter kawmah, "nang tuipiah vachiah inla, ngakuai vakhai inla, nga na khaidoh masatpeen lain; huleh a kam keeh lechin dangka teng khat na mu diing; huchu la inla, kei leh nanga dingin a kawmvah piain, huchilouin jaw i sulunghimoh kha diing"" (Matthai 17:27). Peter in Jesu thusoite gingta utlou in na man diingin tuipi ah va chiah sih taleh, hitobang siltung limdangtah a tuaah sih diing hi. Hizongleh Peter in thu a mang a huleh a len a sep a, huleh Pathian silbawltheihna limdangtah a tuaahkha thei hi.

Bible a ginna natoh kigialluut zousiahte chu hubang ngen sim ahi. Pathian in na A toh chiangin michih ginna buuhna dungjuiin A tong hi. Mikhat ginna buuhna tawm nei nei khat a hihtheihna peel a kituluut diingin A sawl teitei sih hi. Sil neukhat a thumanna tungtawn in A silbawltheihna neukhat tuaah diingin in hun lemchang A pe masa a huleh huchiin hukhu tungtawn in hagaulam ginna tamsem A piaah hi. Huchiin a ban ah, a lianzaw neukhat toh Amah thu a mang thei diing hi.

Na lunggulhte leh deihte kross a kilhbeh in

Tutan chiangah phawhphaah, paahtaat , huleh Pathian mai midihtat a phuandoh i hihtheihna diing va i sil bawl diingte toh kisai i sim uhi. Hubanah, i tahsalam lungluutna leh lunggulhte kross a i kilhbeh chiangin, Pathian in hukhu chu dihtatna in a ngai a, huleh Pathian maiah dihtatna in A ngai a, huleh ahung paahta hi. Hizongleh lungluutna leh lunggulhte dihtatana a ngaih diing ahi diai? Galatiate 5:24 in hichiin a gial hi, "Tuin Jesu Khrist a umte'n a tahsa utoh a lungluutna uleh a lunggulhte uh kilhbehta uhi." Hih silte hangsantahin i tandoh diing uh ahi.

'Lungluutna' chu lungtang pedoh leh laluut chihna ahi. Hikhu mikhat toh na hung kimeelheet a huleh kizopna na siam chianga kinaihtaha banga kingaihtuahna ahi. Hikhu chu mi nih kipoimohngaihtuah mei ahi sih a, hizongleh innkuante, lawmte, leh innveengte toh zong ahi. Hizongleh, 'lungluutna' jiahin, deihsahtuam nei leh lungsim neu in i hung um thei uhi. Etsahna diingin, Innveengte khat in sil neukhat bawlkhelh a neih chiangin a ngaihdam ut sih va, hizongleh a tate'n hutobang bawlkhelh a chiangun, a ngaihdam thei in huleh a hesiam theizaw uhi. Hizongleh hitobang tahsalam lungluutna in gam, innkuan, ahihlouhleh mimal dihtatna a dettaha dinna diingin a panpih sih hi.

'Lunggulhte' chu huchibangmah ahi. David, Pathian in A lungsiat mahmah, nasan zong, a angkawmna sual selna diingin, midih Bathsheba pasal thahna sual khawhtah a bawl hi. Sual bawl ahih chiangin, misualte'n gawtna a tang ngeingei diing uhi.

Joshua bung 7 ah, mikhat tahsalam lunggulhna gah siltung i tuaahkha uhi. Aigupta apat Pawtdohna zoh in, Kanaan gam laahna a paitouh laiin, Israelte'n Jordan Lui a kaan va huleh Jericho khopi tungah gualzohna liantah a tang uhi. Hukhu zoh in, bangteng hileh, Ai khopi tungah a guallel uhi. Israelte'n hih guallelhna jiah ahung hawl chiangun, Achan kichi mikhat in ana enlah in huleh puan leh sana leh dangka khenkhat Jericho khopi apat a sil muhte uh ana phual hi. Pathian in Jericho apat sil kila bangmah koimah in amah lawhna diinga la lou diingin Israelte thu ana piaah a, hizongleh Achan in ana mang sih hi.

Achan sualna jiahin, Israelte tampi in thuaah loh uhi; huleh a tawpna ah, Achan leh a tate chu suanga sehlup ahi uhi. Tol neukhat in tanghou a zelhsuaah bangin, mikhat, Achan, in Israel mipungkhawm zousiah puuhna a tungsah thei hi.

Hujiahin Pathian in amah khauhtahin A bawl hi. I ngaihtuahna masate chu, "Pathian in mi khat puansilh khat leh sana leh dangka neukhat gu meimei sisah thei ahiai?" i chi meithei uhi. Ahihvangin, siltung a tunna jiah dihtah a um hi.

Loubawlmi khat in, haichi a tuh zoh chiangin, loupa neukhat tualah a mu a huleh, "Oh, khat leh nih vel chauh hi..." chiin ngaihtuah henla, huleh nuse taleh, tomkhat zou ah, loupa ahung khang diinga huleh haichi a deepmang diing hi. Huchiangin loubawlmi in haichi hoih a aat sih diing hi. Lungluutna leh lunggulhte chu loupa tobang ahi a, huchiin Vaangam lampi leh Pathian apat dawnna muhna diing lampi ah daaltu in a pang thei hi. Tupna kichian tunna diinga daaltu na mahmah leh lohsamsahtu ahi uhi. Hujiahin Pathian in 'hih silte kross a kilhbeh diingin ahung hilh hi.

A langkhat ah, Asa, Judah simlam lalgam kumpi thumna, in khauhtahin a lungluutna leh lunggulhnate a saattan a, huchiin Pathian a lungkimsah hi (1 Kumpipate bung 15). A suangtu, David, bangin, Asa in Pathian mitmuhin sildih a bawl a, huleh a lalgam milimte zousiah a paihmang hi. A nu, Maacah, Asherah lim, a siam chiangin, kumpipa nu ahihna apat in a koihkhia hi. Huchiagin milim a saatchim a hleh Kidron luita ah a haal hi.

Asa in a nu kumpipa nu ahihna apat milim a biah jiaha a koihkhia a uang talua in na ngaihtuah in, huleh Asa chu tapa hoih hilou chiin na ngaihtuah meithei hi. Ahihvangin, Asa in a nu kawma milim be nawn lou diinga tampi ana hilhta jiahin hichibangin a bawl hi. Ahihvangin, amahnu'n a thusoi a ngaikhe sih hi. Hagaulam mit tungtawn a hikhu i et uleh, Maacah's dinmun ngaihtuah in, a milim biah chu a gam zousiah in milim a biah uh toh kibang ahi. Hikhu in a tawp chiangin gam zousiah tungah Pathian thangpaihna a tungsah thei hi. Hukhu jiahin Pathian in a nu jala a tahsalam lungluutna leh lunggulhnate saattanna natohte A paahta hi. Dihtatna bangin a ngai hi, mi tampite Pathian kalh a sual bawl diing venna in.

Tuin hikhu umzia chu Asa in a nu a paih chihna ahi sih hi. Kumpipa nu hihna apat in a paih meimei ahi. A tapa ahihna ah, a lungsiat in, a zahbawl in, huleh a nna a tong tou jel hi. Huchi mahbangin, mikhat in nulepa pathian dihloute ahihlouhleh milim biah a neih leh tapa khat in a bawltheih tengteng bawl in a lungtang uh khoihna diingin a bawl diing hi. A vangkim in, pilna diinga Pathian ngen in, amahuh kawmah tanchinhoih na soi diinga huleh a milimte paihmangna diingin na hasot diing uhi. Huchiangin Pathian chu a kipaah hi.

Pathian maia dihtat pate

Pathian in thumanna bukim A paahta hi. Thumanna bukim a gamtate kawmah A silbawltheihna zong a langsah hi. Hitobang thumanna Pathian in A phawhpha chu hitheilou diing hileh a kilawm nasan a zong thumanna ahi. 2 Kumpipate bung ah, Naaman, Aram kumpipa sepaih lamkai kigelh i mu uhi.

Saplian Naaman chu a phaahna suhdam ahih diing kinem in Zawlnei Elisha veh diing a innveeng gam ah a va chiah hi. Silpiaah tampi a tawi a, kumpipa apat lehkhathon nasan zong! Ahihvangin, hutah a tun in, Elisha in chibai nasan ana buuh sih hi. Huchih naahsangin, Elisha in Jordan Lui a sagihvei va kidiah diinga hilh diing mi a sawl hi. Nuammoh sa in, Naaman chu kinungleh leh innlam a kiihkiit sawm in a um hi. Hizongleh a suaahte soihaatna jalin, Naaman in a kisahtheihna a lakhia a huleh thu a mang hi. A sapum Jordan Lui ah sagih vei a va diah hi. Aram kumpipa ban chet a mikhat a diingin, Elisha in a bawl banga kibawl nunga, a kingiamkhiaah a huleh hitobang thuman diing chu a hahsa mahmah diing hi.

Tuin Naaman in thumanna tungtawn a, a ginna latsah masat zoh in Pathian in amah A sudam diing chih a heet jiahin Elisha a silbawl a bawl hi. Pathian, kithoihna lehlam a um i thumaan a kipaah, in Naaman ginna natoh ah A nuam a huleh a phaahna a A sudam veh hi. Pathian in thumanna chu luultahin A koih a, huleh dihtatna a gamta mite A kipaahpih mahmah hi.

Pathian chu amahuh lawhna chauh hawl lou mite, huleh khovel toh kithumun a umloute ginna tunga A kipaah mahmah hi. Siamchiilbu bung 23 ah, Abraham in Machpelah suangkohaawm a Sarah vui a ut chiangin, gamneitu in Abraham kawmah gam chu a thawn a piaah a sawm hi. Ahihvangin, Abraham in a pom sih hi. Abraham in amah lawhna diing hawlna lungtang kichi a nei sih hi. Hujiahin a neih masang in gam man diing zahzah a pe ut hi.

Kidouna a Sodom chu guallelh laiin a sanggampa tapa Lot mat in a um a, Abraham in a sanggampa tapa a hutdoh chauh hilouin, hizongleh Sodam apat midangte zong a hundam a, huleh a silneihte uh zong ahung tawi kiit hi. Sodam kumpipa in a silbawlna jiaha kipaah a piaah sawm chiangin, Abraham in a nual hi. Bangmah a sang sih hi. A lungtang a dihtat jiahin, duhaamna himhim a nei sih a, ahihlouhleh amah a lou sil khatpouhpouh laah diing lunggulhna a nei sih hi.

Daniel bung 6 ah, Daniel in amah langa pangte thuphialna jiahin thah ahi diing chih Pathian kawma a haamteina jalin a he chih i mu hi. Hizongleh ahih huchih vangin, Pathian maiah haamteina tawplouin a dihtatna a kemtou zing hi. Amah hinna ngei hutdamna diingin tomkhat nasan zong a hihna a tawpsan sih hi. A gamtatna jiahin, humpi kulah paihluut in a um hi.

Hizongleh amah chu bangmah loh in a um sih a, bittaha venbit ahi. Pathian hing thu a soi a huleh Amah a paahtawi hi.

Amah chu dihloutaha ngoh ahihvangin, huleh a jiah bei a suangkul a khum ahihjiahin, Joseph in a soisel sih a hileh koimah huatna a nei sih hi (Siamchiilbu bung 39). Amah chu a kikem siangthou a, thudihlou toh a kithumun sih a, hleh dihtatna lampi chauh a jui hi. Huchiin Pathian hun leh lampi ah, suangkul apat in hahdoh ahi a huleh Aigupta Prime Minister dinmun zahumtah ah a khangtou hi.

Hujiahin, Pathian na i toh va, huleh ei a diinga hung kiphuutte bawl in Pathian maiah dihtat i hung hih uh a ngai hi. Lalpa'n A paahtaat diing silte bawl in Pathian i suhkipaah diing uh ahi. Hikhu i bawl chiangun, Pathian in ahung domsang diinga, i lungtang deihzawng ahung dawng diinga huleh khantouhna hinkhua ah ahung pui diing hi.

Glossary

'Abram' leh 'Abraham' kikal kibatlouhna

'Abram' chu Abraham, ginna pa, min masa ahi (Siamchiilbu 11:26).

'Abraham', a umzia 'gam tampi pa,' chu Pathian in, amah toh gualzawlna thuhun A bawlna diinga, Abram kawma A pia min ahi (Siamchiilbu 17:5). Hih thuhun tungah amah ginna pa ahihna toh gualzawlna naah ahung suaah hi. Huleh 'Pathian lawm' a kichi hi.

A kisawndet, a kithingkhawm, huleh childet, huleh gualzawlna a leh 30, 60, huleh 100 a tam

Amah i muanna leh A Thu i hinkhua va i bawldoh uh buuhna dungjuiin Pathian apat gualzawlna i tang uhi. I lungtang vapat sualna zousiah ana paihdoh man nai sih zonglei, ginna toh i tuh va huleh i hawl chiangun, a kisawndet, a kithingkhawm, huleh childet, i chituh zah sang va a lehnih a tamzaw (Luke 6:38) a gualzawlna i tang uhi (Luke 6:38). Hizongleh suhsiangthou i hung hih va huleh sual dou a, a bawna paihdohna diinga sisan suah khopa hagau i a pan leh, a leh 30 sanga tamzaw gualzawlna i aat thei uhi. Huleh hagau buchin a i paitouh nalai leh, gualzawlna a leh 60, ahihlouhleh 100 nasan i aat thei uhi.

Bung 10

Gualzawlna

"Huleh LALPA'N Abram kawmah, Na gam lama kipan leh, na tanaute laha kipan leh, na pa innsunga kipanin pawt inla, gam ka hung etsah diing lamah chiah in; Nam loupitahin ka hung siam diinga, ka hung vaangpiah diinga, na min ka suloupi diing; huleh nang chu vangpiahna na hi diing. Huleh nang hung vaangpiahte ka vaangpiah diinga, nang hung haamsiatte ka haamsiat diing hi; huleh nangmah ah lei a nam zousiahte vaangpiahin a um diing uhi, a chi a. Huchiin Abram chu LALPA'N a kawma asoi bangin a kipankheta a; huleh Lot zong a kawmah a chiahve hi: huleh Harana kipana apawtdoh laiin Abram chu kum sawmsagih leh kum nga-a upa ahita hi.."
(Siamchiilbu 12:1-4)

Pathian in mite A gualzawl ut hi. Hizongleh Pathian in mikhat A gualzawl diinga A teeldohna dinmun a um a, huleh mikhat in amahleh amah a Pathian gualzawlna gamgi sunga luut diing a teelna dinmun a um hi. Mi khenkhatte'n Pathian gualzawlna a luut a teel va hizongleh a pawtsan kiit uhi. Huleh khenkhatte gualzawlna toh kisaikhaahna bangmah neilou a um uhi. Pathian in mikhat gualzawl diinga A telna dinmun i en diing uhi.

Abraham, Ginna Pa

Pathian chu a masapen leh nunungpen, a kipatna leh a tawpna ahi. Ama'n mihingte khangthu paitoujel ana lemgel a huleh ana makaih boh hi. Etsahna diigin inn i bawl uhi. Innsahna diingin hun bangtan a luut diai, bangtobang vaan kizang diing ahiai, siih bangzah huleh suanghum bangzah poimoh diing, huleh a khawm bangzah phaahsah diing chih khuat in a lim leh meel i siam diing uhi. Hujiahin mihingte khangthu a geeltu Pathian hi i et va ahihleh, mi poimoh hunkhop Pathian inn a 'khuamte' tobang a um uhi.

A silphatuam bawlsahte sepdohna dingin, Pathian in mi bangzahahakhatte Pathian chu Pathian hing ahi ngei a huleh Vaangam leh Meidiil a um tahtah ahi chih midangte hilh diingin A tel hi. Hikhu jiahin Pathian in hitobang mite khuam bang pang diingin A tel hi. Huleh amahuhte'n Pathian a diinga a lungtang uleh a lungluutna uh va thutanna a bawldan vapat in mi meimei ahi sih uh chih i mu thei uhi. Hitobang mite laha khat chu Abraham ahi.

Amah chu kum sangli vel paita ah ana um hi. Kaldai gam Ur a piang ahi. Ur chu nidanglai a Sumerte khopi Mesopotamia lutlai a Euphrates Lui pang a nuailam hi huleh tumlam a um ahi.

Abraham chu Pathian in A lungsiat mahmah leh A phaahphaah mahmah khat hi in "Pathian lawm" chiin a kikou hi. Pathian apat gualzawlna zousiah, hauhsatna, damtheihna, huleh damsawtna a tang hi. Hukhu chauh hilouin, hizongleh Pathian Siamchiilbu 18:17 a, "Ka silbawl sawm Abraham apat in Ka phual diaimah?" A chih bangin, Pathian in maban a sil hung tung diingte nasan Abraham kawmah chiangtahin A taahlang hi.

Pathian in ginna chu dihtatna in A pom a huleh A gualzawlna A pia hi

Abraham ah Pathian lungkim mahmah a huchia a tunga gualzawlna tampi A leihbuaahna bang um in na mu ei? Siamchiilbu 15:6 in hichiin a chi , "Huchiin ama'n LALPA a gingta a; huleh Ama'n hikhu dihtatna in A ngai hi." Pathian in Abraham ginna chu dihtatna in a ngaihtuahsah hi.

Pathian in a kawmah hichiin A chi hi, ""Huleh LALPA'N Abram kawmah, Na gam lama kipan leh, na tanaute laha kipan leh, na pa innsunga kipanin pawt inla, gam ka hung etsah diing lamah chiah in;Nam loupitahin ka hung siam diinga, ka hung vaangpiah diinga, na min ka suloupi diing; huleh nang chu vangpiahna na hi diing." (Siamchiilbu 12:1-2). Pathian in a paina diing dihtah A hilh sih a ahihlouhleh bangtobang gam kilamen diing ahiai chih zong A soichiang sih hi. Pathian in ama'n a inn nuutsiat zoh chiangin bangtobang hinkhua zang diing chih zong a bukim in A hilh sih hi. A chiahdoh diing ahi chih chauh A hilh hi.

Abraham in tahsalam ngaihtuahna ana nei leh bang a chi diai? Khatvei a pa inn a nuutsiat kalsiah, vaahthap leh kitawlngalou ahung suaah hi. A lungthah meithei diing hi. Hitobang silte ngaihtuah bang hileh, thu a mang thei sih diing hi. Ahihvangin, Abraham in Pathian gualzawlna thuchiamte a ginglel keei sih hi. Amah ah a gingta hi. Hujiahin a jiah bei in a gingta a huleh a pawtdoh hi. Pathian in Abraham bangtobang beel hi ahiai chih A he a, huleh hikhu jiahin Pathian in amah tungtawn in nam khat ahung kisiamdoh diing chih A chiam hi. Pathian in amah chu gualzawlna ahung hi diing chih zong A chiam hi.

Pathian in zong Abraham kawmah in hichiin Siamchiilbu 12:3 ah A chiam hi, "Huleh nang hung vaangpiahte ka vaangpiah diinga, nang hung haamsiatte ka haamsiat diing hi; huleh nangmah ah lei a nam zousiahte vaangpiahin a um diing uhi." Hikhu zoh in, Pathian in a hihna a nuutsiat a huleh a sanggampa tapa Lot diinga a kipumpiaahdan A muh chiangin, Pathian in gualzawlna thu dangkhat A pe kiit hi. Siamchiilbu 13:14-16 in hichiin a soi hi, "Huleh a kawma kipana Lot a umtuam nungin Lalpa'n Abram kawmah, Tuin daah inla, na umna-a kipan mallam, simlam, suahlam, huleh tumlam enin; Ajiahchu na gam muh zousiah nang leh na haah kawmah kumtuanga diingin ka hung pe diing hi. Na haah chu lei a leivui jaat bangin ka bawl diinga; huchiin mi'n lei a leivui asimzoh leh na haah zong a kisimzou diing hi."

Pathian in Siamchiilbu 15:4-5 ah zong hichiin A chiam hi, "... nangmah gila hung gahdoh ngeei chu na gouluahtu ahi jaw diing hi, a chi a. Huleh amah chu inn maiah a puidoh a, Tuin vaanlam en inla ahsite hi simin, na sim zoha ahihleh, a chi a. Huleh ama'n a kawmah, 'Na haah chu hujaat ahi diing hi.'"

Abraham kawma hih mangte leh meengmuhnate A piaah zoh in, Abraham chu ze-etna ah A pui hi. Bangjiaha ze-etna poimoh i hiviai? Etsahna in zilsahtu ahihlouhleh pattahtu in kimawl thei mahmah khat – a gam aioh a Olympics a kuan thei diinga a teeldoh hi. Hizongleh hih kimawlmi in sana dangkapi a mu ngal thei sih hi. Kimawlmi in kisahkhawlna simseenglouh a thuaahzoh touh a huleh a lungtup muhna diinga panlaahna hahsatah a paltouh a ngai hi.

Hikhu Abraham tunga zong ahi. ze-etnate paltou in Pathian thuchiam suhbuchinna diingin chitna leh umdan poimoh a neih a ngai hi. Huleh, amah lawhna diing a hawl sih a, ahihlouhleh mahni masialna ahihlouhleh huatna, muhdahna, soiseelna, dahna, thangsiatna, ahihlouhleh enna ah a puuh sih hi. Pathian gualzawlna thuchiam ah a gingta a huleh thuaahzohna toh a mang hi.

Huchiangin, Pathian in thuchiam khat A pe kiit hi. Siamchiilbu 17:4-6 ah, Pathian in Abraham kawmah hichiin A chi hi, "Ke'n chu, ngaiin, ka thuhun chu na kawmah ahi ka hun, huleh nang chu nam tampite pa na hi diing hi. Na min zong Abram ahi nawn sih diinga, hizongleh na min chu Abraham ahita diing hi; ajiahchu nam tampite pain ka hung siamta hi. Huleh chihaah nasatah suangin ka hung siam diinga, nanga pat nam liantah tah ka siamdoh diing, huleh nanga kipanin kumpipate ahung umkhe diing uhi."

Pathian in ze-etna tungtawn in beel hoihtah A siam

Mi khenkhatte in amahuh duhamna apat a hung kuandoh lungtupte nei in Pathian kawmah haamteina a nei uhi. Duhamna apat hung kuan in, Pathian kawmah natohna hoih ahihlouhleh hauhsatna amahuh toh kiphu lou a ngen meithei uhi. Hitobang mahni masialna a i haamtei uleh, Pathian apat dawnna i tang thei sih uhi (Jakob 4:5).

Hujiahin Pathian apat hung kuan siltup leh meengmuhna i nget diing uh ahi. Pathian Thu a ginna i neih va huleh thu i man chiangun, Hagau Siangthou in i lungtang uh A la a huleh ahung mapui hi, huchiin i lungtup uh i subuching thei uhi. I maban diing second khat nasan i mu thei sih hi. Hizogleh Hagau Siangthou, maban a sil hung tung diing he veh, mapuina i juih va ahihleh Pathian silbawltheihna i tang thei uhi. I tahsalam ngaihtuahnate i kaihpuuh va huleh Khrist a i kituhluut uleh, Hagau Siangthou in ahung thuneihkhum a huleh ahung pui hi.

Pathian in lungtup khat ahung piaah leh, i lungtang va bittaha i kep diing uh ahi. Nikhat, hakhat, ahihlouhleh kum khat haamtei zoh a i lungtup ahung taangtun louhleh, i soiseel louh diing uh ahi. Pathian, lungtup leh meengmuhna hung piaah in, khatveivei huh lungtup leh meengmuhte suhbuchinna hitaah beel a ahung siamna dingin ze-etna ah ahung pui jel hi. Hih ze-etnate tungtawn a Pathian thuman diingdan hetute i hung hih chiangun, huchu i haamteinate uh ahung kidawn hun ahi. Hizongleh Pathian ngaihtuahna leh mihing ngaihtuahnate a kibatlouh jiahin, i tahsalam ngaihtuahnate i suhsiat va huleh ginna toh thu i man masangsiah, ze-etna a um tou zing diing chih i heet diing uh ahi. Hujiahin, ze-etna chu ei kawma piaah ahi a huchiin Pathian apat in gualzawlna i tang thei uhi, hujiahin hute pelhsawm sangin, kipaahthu soi kawma ina sang diing uh ahi.

Pathian in suahtaatna lampi, ze-etna hun lai nasan in A siam

Thumang i hih uleh, Pathian in hoihna diingin sil zousiah A tongkhawmsah hi. Ze-etna apat suahtaatna diing lampi ahung pe gige hi. Siamchiilbu bung 12 ah, Kanaan gam a luut zoh un, kial nasatah a um a, huchiin Abraham chu Aigupta ah a chiahsuh chih na mu diing hi.

A zi Sarah a meelhoih mahmah jiahin, Abraham in Aigupta ah mikhat in deihgoh in amahnu a neih theihna diingin a thatkha diing uh chih a lau hi. Huhun laiin, hikhu sil hithei mahmah ahi, hichiin Abraham in amahnu chu a sanggamnu ahi chiin a soi hi. A dihtahin, Sarah chu a tanau khat ahi, hujiahin hikhu zuau ahi sih hi. Hizongleh hih hun ah, Abraham ginna chu silbangkim a Pathian dong diing khop in a chituh bukim nai sih hi. Huchiin hikhu chu a tahsalam ngaihtuahna a, a kingahna dinmun khat ahi.

Sarah chu a meelhoih mahmah a huchiin Aigupta Pharaoh in a lal inn ah a vapuisah hi. Abraham in a zi chu a sanggamnu ahi chia mite hilh a dinmun toh kituaah a hoihpen hi in a ngaihtuah a, hizongleh hikhu in a zi a taansah hi. Hih siltung tuntawn in, Abraham in zilmun hoihtah khat a zildoh a, huleh hu hun a kipat in, Pathian kawmah silbangkim a ngata hi.

A gah chu, Pathian in Pharaoh leh a innsungmite tungah Sarah jiahin gentheihna a tut a, huleh Pharaoh in kintahin Sarah chu Abraham a leh kiit hi. Abraham chu a tahsalam ngaihtuahna a, a kingah jiahin, hahsatna tom khat tuaahin a um a, hizongleh a tawpna ah, suhsiat ahi sih a, huleh muhtheih gualzawlna belaam, bawnghon, suaahte, huleh sabiltungte a nei hi. Romte 8:28 a kigial bangin, "Huleh Pathian lungsiatte, ama'n aguat banga a kouhte diingin, sil zousiahin a hoihna diingun atongkhawm chiat hi chih i he hi," Amah thu mang mite a diingin, Pathian in ze-etna apat suaahtaatna diing lampi A bawlsah a, huleh ze-etna zousiah ah amahuh toh A um hi. Hun tomkhat hahsatna ah a um meithei uhi, hizongleh a tawpna ah ginna toh a palkai va huleh gualzawlna a tang uhi.

Etsahna in mikhat niteng in a kiloh hi. Lalpa Ni a tang leh, a innkuante an ngawl in a um diing uhi. Hitobang dinmun ah, mikhat ginna nei in Pathian thupiaahte a mang diinga huleh

Lalpa Ni a kem diing hi, gilkial a um diing hizongleh. Huchi hitaleh hu mipa leh a innkuanpihte gilkial in a um diviai? Um hetlou diing! Israelte diinga Pathian in manna A sawl bangin, Pathian in ittahin mithumang chu A vaah diinga huleh puan A silhsah diing hi.

Hujiahin Matthai 6:25 in, Jesu'n hichiin A chi hi, "Hujiahin ka hung hilh ahi, Bang ahiai ka neeh diing, bang ahiai ka dawn diing, chiin na hinna u'diing leh, bang ahiai ka silh-a ka teen diing chiin na tahsa u'diing lunghimoh sih un." Tungleng vate buh tuhlou leh aat lou huleh a an diing uh zong khollou in a um uhi. Loulai a lilite'n na a tong sih uhi. Hizongleh Pathian in A vaah a huleh puan A silhsah hi. Huchi ahihleh Pathian in Amah thu mang leh Amah deihzawng hawlte A enkol sih diaimah, hujiahin hahsatna a tuaah sih diing uhi?

Pathian in ze-etna hun lai nasan in A gualzawl hi

Pathian Thu dungjuia gamta leh lampi dih a paite i velchian chiangin, ze-etna nasan ah zong, Pathian in sil zousiah hoihna diingin A tong chih i muthei hi. Tu leh tu a dinmun a tuaah uh khu a mitmuh va hahsa bangin kilang zongleh, milim bia in a kuun sih va, huleh neukhat zong khovel toh kiton in a pai sih uhi. Ajiahchu amahun Pathian silbawltheihn a gingta va, meikhuuh a paihluut diing hizongleh, Pathian in amah uh a hundam diing chih a gingta uhi. Huleh hutdam hi sih zongleh, a ginna vah a det zing va huleh milim koimah maiah a kuun sih uhi. Hikhu chu a ginna latsah uh ahi. Amahuh diingin, Pathian Daan chu a gamuh daan sangin a poimohzaw hi.

Hih khanglaite thumanlouhna toh kisai a zaah in, kumpipa

ahung lungthah a, huleh haaltuina meikhuuh a leh sagih a sa in a behlapsah hi. Daniel lawm thumte chu kaan ahi va huleh haaltuina meikhuuh a paihluut uhi. Hizongleh Pathian in amahuh A venbit jiahin, a lutung va samzang khat nasan zong a kaanton sih a, meikhu gim zong a nam sih uhi (Daniel 3:13-27).

Daniel zong huchibang mahin a um hi. Thupiaah khat kumpipa lousiah midang khat pouhpouh kawma haamtei a um leh humpi kul a khiat diing ahi chih um mahzongleh, Daniel in Pathian deihzawng chauh a mang hi. Haamtei tawpsanna sual a bawl sih hi, huleh a niteng silbawl juiin, Jerusalem lam nga a nikhat thumvei a haamtei a sunzom hi. A tawpna ah, Daniel chu humpi kul a paihluut ahi a, hizongleh Pathian in angelte A sawl a huleh humpite kam a chipsah va huchiin Daniel bangmah a chi sih hi.

Mikhat in a ginna kepbitna diinga khovel toh kithumun lou a, a um i muh uh chu bangchituha kilawm a tai! Midihtat chu ginna chauh in a hing hi. Ginna toh Pathian na suhlungkim chiangin, gualzawlna toh ahung dawng diing hi. Sih dehdehna mun hileh kilawm dinmun a nohluut a na um in zong, na thuman a huleh a tawptan a na ginna na latsah leh, Pathian in suaahtaatna lampi ahung bawlsah diinga, huleh Amah na kawmah A um zing diing hi.

Abraham zong ze-etna laha gualzawl in a um hi. Hukhu chauh hilou in, amah toh um mite chu amah jalin gualzawl in a um uhi. Tuni in, tui chu Near East gamte Israel umna zong hi ah a luul mahmah hi. Abraham hunlai in zong a luul mahmah ahi. Hizongleh Abraham chiahna phot ah tui kiningching chauh hilouin, gualzawl a um ahih chiangin, a sanggampa tapa Lot in zong gualzawlna a kikoppih a huleh belaam hon leh ganhon leh

Gualzawlna • 145

sana leh dangka zong a nei hi.

Hu hun laiin, ganhon tampi neih chu an kiningching leh hauhsatna thupitah nei chihna ahi. A sanggampa tapa Lot mat ahih laiin, Abraham in a suaah galdou siam 318 a hundoh diingin a pui hi. Hikhu meimei in zong amah bangchituha ana hausa ahiai chih ahung taahlang hi. Abraham, Pathian Thu ginumtaha ana mang, ana hih jiahin a tenna gam leh gamkaih zong gualzawl in a um hi.

A kiim a gamte a kumpite'n Abraham tung bangmah a loh thei sih uhi ajiahchu amah chu sangtaha koih ahihjiahin. Abraham in mikhat in a damsung a, a tohdoh theih: minthanna leh hauhsatna, silbawltheihna, chidamna, huleh tate, a tang hi. Daanpiaahkiitbu bung 28 a kigial bangin, Abraham chu mikhat a luut leh a pawt a gualzawlna tang khat ahi. Huleh, Pathian ta dihtaha ahihna ah, amah chu gualzawlna zung, huleh ginna a pa ahung suaahta hi. Hubanah, ama'n Pathian lungtang thuuhtah ahung hesiam a, huchiin Pathian in A lungtang ngei zong Abraham toh a kikum thei va huleh 'lawm' chiin A kou hi.Bangchituha loupi hi leh gualzawlna hi a tai!

Abraham beel hihna

Abraham gualzawl ahihna jiah ch ama'n 'beel hihna' hoih a neih jiah ahi. Amah chu 1 Korinthete 13 a kisoi lungsiatna nei mi khat ahi a huleh ama'n Hagau Siangthou gah kua Galatiate bung 5 kisoi a nei hi.

Etsahna diingin, Abraham in silbangkim ah hoihna leh lungsiatna in a gamta hi. A ho ngei sih a huleh midang toh kimeelma in a um ngei sih hi. Midangte haatlouhna a taahlang ngei sih a huleh mi zousiah na a tohsah hi. Nuamna gah a neih jiahin, a lampi ah bangtobang ze-etna hung um zongleh, a dah ahihlouhleh a lungthah ngei sih hi. Pathian a muan veh jiahin, hun teng in a kipaah thei hi. Bangtobang dinmun ah zong, a nehnouna toh a dawnbut ngei sih a ahihlouhleh deihsahtuam nei in thupuuhna a bawl ngei sih hi. Amah chu a thuaahthei a, huleh Pathian aw a ngaikhe gige hi.

Abraham chu mi hehpihsiam ahi. A sanggampa tapa, Lot, toh ahung kikhen diingun, amah Lot sanga upazaw himahleh, Lot chu gam a teelsah masazaw hi. "Veilam a na pail eh, jiatlam ah ka pai diing. Jiatlam a na pail eh, veilam ah ka pai diing," a chi a, huleh Lot chu gam hoihzaw a teelsah hi. Mi tamtahte'n dinmun sangzaw leh hihna sangzaw neite'n deihteelna hoih a nei diing uh chiin a ngaihtuah uhi. Ahihvangin, Abraham chu midangte tunga kituluut thei ahi a huleh midangte diinga natohsah leh kipumpiaah mi ahi.

Huleh,, Abraham in hagaulam hoih lungtang a chituh jiahin, Lot in Sodom gam toh siatna a tuaah diing laiin, amahuh luang in a haamteisah hi (Siamchiilbu 18:22-32). Huchiin, Pathian apat chiamna midihtat sawm meimei na muh zongleh huh khopi Ka suse sih diing chih A mu hi. Ahihvangin, Sodomm leh Gomorrah khopi in midihtat sawmnasan a nei sih a, huleh suhsiat in a um uhi. Hizongleh huchi ahih nasan in zong, Pathian in Lot chu Abraham jalin a hundam hi.

Siamchiilbu 19:29 a kigial bangin, "Huleh hichi ahung hi a, Pathian in phaijaang khopite asuhmang laiin Pathian in Abraham ahoizing a, huleh Lot teenna khopite asuhmang laiin Lot chu manthat na laha kipan asawldoh hi," Pathian in

Abraham sanggampa tapa deihtah, Lot, A hundam a huchia Abraham lungtang a dahlouhna diingin.

Abraham chu tapa neihsun, Isaak, kum zakhat ahih a, a neih laahkhe diing khop dinmun ah a um hi. A tapa thuhilhna, ahihlouhleh a suaahte leh innveengte toh a kikal kizopna utoh kisai ah, amah chu Pathian innsungmite zousiah kawmah a ginum a huleh huchiin amah dembei a ngaih ahi. Koimah toh gumtahin a kimaituah sih uhi; amah chu a dam in a nunnem hi. Midangte chu lungtang kilawmtah toh a na uh a tohsah a huleh a panpih hi. Huleh amah a bawl taphat ah a kithunun zoua, kilawmloutahin a gamta ngei sih a, ahihlouhleh gamgi a peel in a um ngei sih hi.

Hikhu bangin, Abraham in Hagau Siangthou gah kuate a suang a huchiin gah khatmah zong a tasam sih hi. Lungtang hoih zong a nei hi. A tawpna ah, amah chu huchibang beel hoih ahi. Ahihvangin Abraham tobang gualzawlna tang mikhat hung hih sil hahsa ahi het sih hi. Amah i etton diing uh ahi giap hi. Siamtu Pathian Thupi chu i Pa uh ahi, Ama'n A tate haamteina leh ngetnate bangda dawng lou diing e?

Hi Abraham tobang a silpaitoujel chu a hahsa keei sih hi. A hahsa khu chu i ngaihtuahna uh i ma va a paileh ahi giap hi. Pathian muanna A tunga kingaihna huleh Pathhin a kingahna leh Amah thumanna i neih chiangun, Abraham Pathian eite ahung enkol diinga huleh gualzawlna lampi ah lampi ah ahung mapui diing hi!

Glossary and Explanation of Concepts

Noah, midihtat, thumanna leh gualzawlnate

"Hite chu Noah haahte ahi uh: Noah chu a khanglai huna midih leh hoihbukim ahi a; huleh Noah chu Pathian toh a kithuah veu hi. Huleh Noah in tapa thum, Shem, Ham, huleh Japheth ahing hi" (Siamchiilbu 6:9-10).

Mi masapen Adam in hun sawtpi petmah Eden Huan ah a zangbei hi. Hizongleh a sual zoh in Eden Huan apat nohdoh in a um a huleh a khoung in Leitung ah a teeng hi. Kum 1,000 ve nung in, Noah chu Seth, Pathian zahtaat mi khat, suan ah ahung piang hi. Noah, Enoch suan zong hi in, a pa Lamech leh a pu Methuselah te thuhilhna a zil a huleh khovel sual lahah mi thudih in ahung khanglian hi. A neih zousiah Pathian kawma piaah a ut jiahin, a lungtang a siangthousah a huleh Pathian in amah a diing silguatsa A nei chih ahung heetdoh masangsiah zi a nei sih hi. Hujiahin kum zangaa ahih in Noah in zi a nei a huleh innkuan ahung siam hi (Siamchiilbu 5:32).

Noah in tuilian a vaihawmna leh amah tungtawn a mihing chituhna ahung kipan kiit diing chih ahung he hi. Hujiahin Pathian deihzawng man sawm in a hinkhua ahung pedoh kiit hi. Hikhu jiahin Pathian in Noah midihtat leh amah ngaihtuahnate, lunggel, ahihlouhleh suanlam neilou a kuang sui a lungtang tengteng toh Pathian thu mang diing A teel hi.

Noah kuang in hagaulam a, a etsah

"Nangmah diingin gopher singin kuang bawl in; kuang sungah pindan na bawl diinga, a sung leh apua ah singnai in na juut diing hi. Huleh hichu na bawldaan diing ahi: Kuang dunglam chu tong ja thum, a vailam tong sawmnga, huleh asaanlam tong sawmthum ahi diing. Kuang ah kotta khat na bawl diinga, atunglam tong khat chianga na zoh diing ahi; huleh kuang kot chu apangah na bawl diinga; sawng nuainung, sawng nihna, huleh sawng thumna neiin na bawl diing hi" (Siamchiilbu 6:14-16).

Noah kuang sil kibawl lianpi ahi: 138 meter a sau, 23 meter a lian, huleh 14 a sang ahi, huleh hikhu chu 4,500 kum paita a kibawl ahi. Eden Huan a mite deepna jalin, Noah heetna leh siamna chu a tuambiih ahi, hizongleh Pathian in a bawl diingdan A piaah dungjuia a bawl jiahin, Noah leh a innkuante mi giat leh ganhing chi tampi ni 40 tuilet sungin, kumkhat va kuang sunga um in a suaahta thei uhi.

Kuang chu hagaulam a Pathian Thu etsahna ahi, huleh kuang sunga luut chu hutdamna etsahna ahi. Huleh kuang sunga dan thumte'n Pathian a Mithumte-Pa, Tapa, huleh Hagau Siangthou – te'n mihing chituhna khangthu a subuching diing uh chih a kawh hi.

Ararat Taang, kuang kingahna mun

Tuichiim a vaihawmna, Pathian dihtatna sunga siltung
"Huleh Lalpa'n Noah kawmah, Nang leh na innkuanpihte kuang sungah hung luut un; ajiahchu nang hi tulai khangthah lahah midihtatin ka hung mu hi." (Siamchiilbu 7:1).

"'Ajiahchu ni sagih zou chianga leitunga suun sawmli leh jaan sawmli guah jusah diing ka hi a; huleh ka siamsa ganhing chinteng leitunga pat sumang diing ka hi. Huleh Noah in Lalpa'n a kawma asoi zousiah dungjuiin a bawlta hi" (Siamchiilbu 7:4-5).

Pathian in mite tuichiim tun masang in kisiihna diing hun A piaah hi. Kuang suih zoh hun sung kumte ah, Pathian in Noah kawmah mite kawma kisiihna thu A soisah hi, hizongleh Noah thusoi gingta chu amah innkuanpihte ahi uhi. Kuang sunga luut kichi in khovel na sil deih zousiah nunglam a koih leh paihmang chihna ahi.

Mite kinungleh diinga ana pai gamla talua hizongleh uh, Pathian in kisiihna diing leh vaihawmna pelhna diingin ni sagih hun A piaah hi. Vaihawmna tuaah diingin A deih sih hi. Lungsiatna leh hehpihna a dim in, Pathian in a tawp tan in hun A piaah hi. Ahihvangin, mi khat mahzong a kisiih sih va ahihlouhleh kuang sunga a luut sih uhi. A dihtahin, a sual zoteh uhi! A tawpna ah, Tuichiin Vaihawmna ah a kiah uhi.

Vaihawmna toh Kisai

"... huleh vaihawmna toh kisai in, hih khovel vaihawmtu vaihawmkhum ahih jiahin."
(Johan 16:11)

"LALPA'N michin a vaihawm diing; Aw LALPA, keimaha ka dihtatna leh ka lungsima hoihna um bangjelin hung vaihawm in." (Psalm 7:8)

"Ahiinlah nangma'n, Mohnabei ka hih jiahin peellouin a lungthahna chu kei apat a kiheimang ngeei diing, na chi hi. Ngaiin, ka hung soisa diing ahi, ajiahchu nangma'n, Ka sual sih hi, na chi hi."" (Jeremiah 2:35)

"Hizongleh ke'nchu na kawmvah ka soi ahi, Koipouh ajiah beia a unau tunga lungthah chu vaihawmna lauthawng huaitah ah a um diing; huleh koipouh a unau kawma, Raka, chi chu vaihawmtute vaihawmkhum lauthawng huaitah ah a um diing; huleh koipouh, Nang mingol, chitu chu gawtmun mei diila paih lauthawng huaitah ah a um diing uhi." (Matthai 5:22)

"...Huleh ahung pawtdoh diing uh; sil hoih bawlte chu kumtuang hinna tangin athoudoh diingva, huleh sil gilou bawlte chu siamlouh tangin athoukiit diing uh." (Johan 5:29)

"Huleh mihingte diinga khatvei sih diing, hizongleh huzohchianga vaihawmna um diing guatsa ahi" (Hebraite 9:27)

"Ajiahchu khotuahna neilou mi chu khotuahna beia vaihawmsahin a um diing hi; huleh khotuahna chu vaihawmna ah akisathei veu hi."" (Jakob 2:13)

"Huleh misite, alian, aneu, Pathian ma-a diing ka mu a; huleh lehkhabute a kihong a; huleh lehkhabu dang, hinna lehkhabu zong a kihonga; huleh misite chu hu lehkhabute a kigial bangin a natoh dungjuiun vaihawmsahin a umta uhi." (Thupuandoh 20:12)

Bung 11

Pathian Thumanlouhna Sual

"Huleh Adam kawmah Ama'n, Na zi thu na juiha, Na neeh louh diing ka chih singgah na neeh jiahin leitung nangmah jiahin haamsiat ahita hi; na damsung teng gimthaha tongin a gah naneta diing; Ling leh loulingneite zong nang diingin ahung pawtsah diinga; huleh lei anteh nane diing; Leia na kihkiit masiah na maaia khosa luang pumin an naneta diing hi; lei a kipana laahdoh nahi ngaala: ajiahchu leivui nahi a, leivui mahah na kihkiit diing hi, a chi a.'" (Siamchiilbu 3:17-19)

Mi tampite'n hinkhua chu hahsatna ngen ahi a chi uhi. Bible in hih khovel a pian huleh a sunga ten chu a na hi chiin a soi hi. Job 5-7 ah, Eliphaz in Job, gimthuaah a um kawmah hichiin a chi hi, "Ajiahchu mihing chu buai diinga piang ahi, meisi tunglama a len bangin." Mikhat a khosahna diinga gim talo lou in a um a huleh mikhat in buaina dang jiahin gimna tampi a nei hi. Huleh Mikhat in tup khat nei a nasataha na a toh leh, huleh bangchizawng ahakhat a a siltup a taangtun banga a kilat leh, hinkhua in nitum ahung naihta hi. A hun ahung tun chiangin, hunk hat mi chidampen in zong sihna a tuaah hi.

Koimah in sihna a peel thei sih hi, hujiahin na et a ahihleh, hinkhua chu tuimei bang, ahihlouhleh meilum sangpia um bnag ahi. Hujiahin, hih hinkhua buaihuai paitou zing ah zeetna chi tuamtuamte mite'n a phuutkhahna jiah uh bang ahiai? A jiah bulpi leh masapen chu Pathian thumanlouhna sual jiah ahi. Adam tungtawn in, Saul, huleh Kaina tungtawn in, Pathian thumanlouhna sual bawlna gah a bukim in i mu uhi.

Adam, Pathian lim a siam mihing

Siamtu Pathian in mihing masapen, Adam, Amah lim in A siam a, huleh huchiin hinna hu A haihkhum a, huleh mihing ahihlouhleh hagau ahung suaah hi (Siamchiilbu 2:7). Pathian in Eden suahlam ah huan A siam a, hutahah mihing A koih hi. Huleh hichiin A chi hi, "Huana singgah chinteng na utut in na nethei hi; Hizongleh asia leh apha heetna singgah chu na neeh louh diing ahi; ajiahchu na neeh ni ni in na si ngeingei diing hi, chiin thu apia a'" (Siamchiilbu 2:16-17).

Huleh Adam a tanga a um hoihlou ahihdan mu in, Pathian in Adam naahguhte laha khat lakhia in huleh Evi A siam hi. Pathian in amahuh A gualzawl a huleh gahsuang leh hung pung diingin A hilh hi. Ama'n tuipi a ngate, vaan a vate, huleh lei a ganhing taangthei zousiah tuna thunei diingin A hilh hi (Siamchiilbu 1:28). Hih gualzawlna thupi Pathian apat tangin, Adam leh Evi in neeh diing tampi a nei va, suan tampi a nei va, huleh a khangtou mahmah uhi. A tuungin, naungeeh suaahthah bangin, Adam in a lungsim khol diing bangmah a nei sih hi. Amah chu a hawm ahi. Ahihvangin, Pathian chu Adam toh kiton in A pai a huleh Adam chu hagau mikhat banga hing diingin A hilh hi. Sia leh pha heetna A hilh hi. Kum tampi Adam in Pathian thute a jui a huleh Eden Huan a hun sawtpi petmah a khosa hi.

Adam in neehlouh diing theigah a ne

Hichi ahung hi a nikhat meelmapa dawimangpa leh Setan, huihkhua a vaihawmpa, in guul, ganhingte tengteng laha pilkhelpen, a chiil a, huleh hukhu tungtawn in Evi a heem hi. Guul, Setan chiil a um in, Pathian in Eden Huan lailung a singkung um apat nelou diingin mihing A hilh chih a he hi. Hizongleh Evi heemna diingin, guul in hichiin A dong hi, "Chiin guul chu Lalpa Pathian bawl gamsa zousiah lahah a gitlouhpil peen hi. Huchiin ama'n numei kawmah, Ahihleh, Pathian in, Huan a singgah photmah na neeh diing uh ahi sih, chi ahi maw?'" (Siamchiilbu 3:1)

Evi in bang hih dotna a dawng ei? Hichiin a chi hi, "Huin numei in guul kawmah, Huana singgahte ka ne thei uhi; Hizongleh huan lailung a um singgah chu Pathian in, Na neeh louh diing uh, khoih zong na khoih louh diing uh, huchilouin chu na si diing uhi'" (Siamchiilbu 3:2-3, NKJV). Pathian in chiangtahin hichiin a chi hi, "Na neeh nini in na si ngeingei diing hi." (Siamchiilbu 2:17). Bang diinga Evi in Pathian thu heng a, "huchilouin chu na si diing'" chia ahiai? "Huchilouin chu" kichi umzia chu "hukhu lauhna jiahin" chihna ahi. Hih thute in ahi veh diing chihna a um sih chih a kawh hi. Hikhu in a lungtang ah Pathian thute a gial sih chih chiangsah hi. A dawnna in a "si ngeingei diing" chu thutah ah gintaatna a nei sih chih a chiangsah hi.

Pilkhel guul in hih hun lemchang a kipeelsah sih a huleh a

soingal hi, "Huleh guul in numei kawmah, Na si het sih diing uh; Bangjiahin i chihleh hukhu na neeh ni va kipat na mit uh ahung vaah diinga, Pathian banga asia leh apha he na hung hita diing uh chih Pathian in ahe hi"" (Siamchiilbu 3:4-5). Guul in zuau a soi chauh hilou in, Evi ah duhamna zong a umsah hi1 Huleh guul in Evi lungsim duhamna a umsah jiahin, sia leh pha heetna singkung, Evi khoihkha diing zong a ngaihtuah louh, ahihlouhleh a naih a va pai diing zong a ngaihtuah louh chu ahung kilawm leh tuituaaah tahzet ta hi. Hikhu chu mikhat hung pilsah diingin ahung kilawm mahmahta hi. Hujiahin a tawp in, Evi in neehlouh diing singgah a neta a, huleh a pasal kawmah zong neeh diingin a pia hi.

Pathian thumanlouhna Adam sualna gah

Hujiahin hichidan ahi Adam, mihingte suangtu, in Pathian thupiaah ahung man louhdan. Adam leh Evi in a lungtang va Pathian thu kiptaha a vom louh jiahun, meelmapa dawimangpa leh Setan heemna a, a luut va huleh Pathian thupiaah a manlouhna jiah uh. Hujiahin, Pathian in A soi bangin, Adam leh Evi chu ahung 'si ngeingei' diing uhi.

Ahihvangin, Bible a i sim bangin, a si ngal sih uh chih i mu uhi. Kum tampi a dam nalai va huleh ta tampi a nei uhi. Pathian in, "Na si ngeingei diing uh," A chih chiangin, mikhat in a haih nawnlouh a tahsalam sihna a tuaah uh chihna mei ahi sih hi. Sihna tahtah, hagaulam sihna, a kawh hi. A tuung in, mihing chu hagau Pathian toh kihou thei toh siam ahi, hinna hagau in a thunun, huleh sapum hagau leh hinna diinga Pathian bawm a natong bangin (1 Thessalonikate 5:23). Hujiahin mihing in Pathian thupiaah a bohsiat chiangin, hagau, mihing pu chu a sita hi.

Huleh mihing hagau Pathian thumanlouhna sual jiaha a sih jiahin, Pathian toh a kihoumatna uh a tanta a, huchiin Eden Huan ah a teeng thei nawn sih hi. Hikhu jiah ahi misual Pathian umpihna a Amah toh a umkhawm theihlouhna jiah uh. Hikhu mihing hahsatna hung kipatna. Numei nauneih nathuaahna naahtaha behlap a hung um in, nathuaahna toh nau ahung nei diing hi; a lunggulh chu a pasal a diing ahi diinga, huleh a pasal in a tungah vai a hawm diing hi. Huleh pasal chu amah jiaha leitung haamsiat ah a neeh muhna diingin natong gim in a um diing hi (Siamchiilbu 3:16-17). Silsiam zousiah chu Adam toh haamsiatkhawm ahita a, huleh amah toh a gimthuaahkhawmta uhi. Hikhu tengteng tungah, Adam suante zousiah, a sisan a piang taphot, chu misual in ahung piang va huleh sihna lampi ah a paita uhi.

Pathian sia leh pha heetna singkung A koihna jiah

Khenkhat in, "Pathian Bangkimbawlthei in Adam in neehlouh diing theigah a neeh diing A he ? A heet leh, bang diinga Eden Huan a koih ahiai, huleh Adam in thumanglousah ahiai? Neehlouh diing theigah ana um lou hileh, Adam sual diing ana veenglou diing maw ?" chih a ngaihtuah uhi. Ahihvangin, Pathian in neeh louh diing theigah Huan ah ana koihlou hileh, Adam leh Evi in kipaahna, nuamna, lungkimna, huleh lungsiatna a tang diviai? Pathian in Eden Huan a neehlouh diing theigah a koihna jiah chu sihna lampi i totna diing tupna ahi sih hi. Hikhu chu Pathian silphatuam bawlsah ahi a, eite ahung thuhilhna diingin.

Eden Huan a silbangkim thudih a ahihjiahin, Huan a mite'n thudihlou bang ahiai chih a hesiam sih uhi. Hutaha gilou a umlouh jiahin, mite'n huatna, gentheihna, damlouhna, ahihlouhleh sihna bang ahiai chih a he tahtah sih uhi. Hujiahin tehkaahtuah a soi in, hutaha mite'n a neih uh kipaahna hinkhua kichi bangahiai chih a he tahtah sih uhi. Nuamsahlouhna a heet ngeilouh jiahun, kipaahna tahtah huleh kipaahlouhna tahtah bang ahiai chih a he sih uhi. Hujiahin sia leh pha heetna singkung chu a poimoh hi.

Pathian in lungsiatna leh kipaahna dihtah hesiam ta dihtahte neih a ut hi. Mi masa Adam in Eden Huan a, a um laiun kipaahna dihtah ana nei hileh, Pathian thumanglou in bang ana chi um diai? Hikhu jiahin Pathian in Huan ah heetna singkung A koih a, huleh mihing lei ah a chituh a huchia silte a kikungkaihna mihing in a heetohna diing un. Hih chituhna paitou tungtawn in, mihing in gualzohna leh lohsapna, ahoih leh sia, kikungkaihna tungtawn in a tuah uhi. Mihingte'n hih silpaitou jel tungtawn in, a lungtang thuuhtah apat Pathian heetsiamna leh lungsiatna dihtah ahung hesiam uhi.

Sual jala haamsiatna apat suahtaatna lampi

Adam chu Eden Huan a, a teen laiin, Pathian thu a mang a huleh Pathian apat in hoihna a zildoh hi. Hizongleh a thumanlouh tahchiangin, a suante chu meelmapa dawimangpa suaahte ahung suaah a, huleh khang hung pai jel ah gilou toh ahung kihel semsem uhi. Hun ahung sawt deuhdeuh leh, ahung gilou semsem uhi. A nulepate vapat a laahsawn uh sual toh a piankhawm mei uh hilou in, ahung khanlet va huleh a muhte uleh zaahte uh tungtawn a sil ahung heetdoh utoh kiton in sualna tamsem ahung khumluut uhi. Pathian in Adam in neehlouh diing theigah a ne diing chih A he hi. Hih khovel zong sual in ahung dim diing chih zong A he hi. Mihing sihna lampi ah a pai diing uh chih zong A he hi. Hujiahin Hundampa, Jesu

Khrist, khovel umna in ana guatlawh hi. A hunchiam ahung tun chiangin, Jesu khovel ah ahung sawl hi.

Mite Pathian deihzawng i hilhna diing un, Jesu'n vaan lalgam tanchinhoih A soidalh a huleh chiamchihna leh silmahte A bawl hi. Huchiangin kross ah A kikhaikaang a huleh mihing sualna man piaahna diingin A sisan siangthou ahung luang hi. Hujiahin, Jesu Khrist pom photmah in silpiaahin Hagau Siangthou a tang uhi. Hutamna lampi chu thudih paihdoh a huleh Hagau Siangthou puina juia thudih a hingte a diingin a kihong hi. Mihingte'n ana mansuah uh Pathian lim a muhdoh kiit va huleh Pathian a zah va huleh A thupiaahte a kep uleh, huchu mihing mohpuaahna bukim (Thusoitu 12:13), huchiangin Pathian in amahuh diingan ana koih gualzawlna zousiah a tang thei uhi. Hauhsatna leh chidamna a neih uh chauh hilou in, kumtuang gualzawlna ah kumtuang hinna a nei diing uhi.

A kisoichian bangin, Vaah a i hung um chiangun, sual haamsiatna thaang apat in i suaahta thei uhi. I kisiih va huleh i kiphuan va, i sualnate i paihmang va huleh Pathian Thu dungjuia hing diinga i lungsim i bawl zoh chiangun i lungtang uh bangchituh a muang ahitai! Pathian Thu i gintaat va huleh haamteina i don chiangun, damlouhna, hahsatna, ze-etna leh gimthuaahna apat bangchituha zalen i hiviai chih i mu thei uhi. Pathian in Jesu Khrist pom leh dihtatna a hing A tate tungah A kipaah a, huleh haamsiatna zousiah apat in A zalensah hi.

Saul Pathian maia thumanlouhna sualna gah

Saul chu Israelte'n ngetna jiahin kumpi masapen ahung hi hi. Amah chu Benjamin nam apat ahi a, huleh amah banga mi etlawm leh ching a um sih hi. Huleh Saul kumpi diinga thaunuh ahih laiin, amah chu mi kingaingiam mahmah midangte sanga ngiamzaw a kikoih mi ahi. Hizongleh kumpi ahung hih nung in, awl awl in, Saul in Pathian thupiaah ahung mang sih hi. Siampulal hihna ahung ngaineep a huleh ngolhuaitahin ahung gamta hi (1 Samuel 13:8-13), a tawpin thumanlouhna sual ahung bawl hi.

1 Samuel bung 15 ah, Pathian in Saul chu Amelekmite suse veh diingin thu A piaah hi, hizongleh Saul in a mang sih hi. Pathian Amalekmite suse veh diinga A hilhna chu Pawtdohbu bung 17 ah a kigial hi. Israelte'n Canaan gam lam a manoh laiun Aigupta apat ahung pawtdoh nung, Amalekmite'n Israelte ana dou uhi.

Hikhu jiahin, Pathian in vaannuai apat Amalek kichi phawhphaah nawnlouh diinga bohdoh veh diingin ana chiam hi (Pawtdohbu 17:14), huleh Pathian in zuau lou ahih jiahin, kum a za a sim nungin, Saul hun laiin, hih thuchiam suhtaangtun A sawm hi. Zawlnei Samuel tungtawn in, Pathian in hichiin thu A piaah hi, "Tuin chiah inla, Amalek va sualin, huleh a neih zousiah uh va sumang veh inla, hawi sin, hizongleh anu-apa, naungeeh leh nawi nelaai, bawngtal leh belaam, sangawngsau leh sabengtung that vehin" (v. 3).

Ahihvangin, Saul in Pathian thu a mang sih hi. Kumpipa Agag chu sal in ahung pui a, huleh belaam, bawngtal, a thaute, belaamte, huleh a hoih tengteng zong ahung la hi. A silmuhte mite muhsah a huleh a phatna uh tang a ut hi. Saul in a lungsim dih a, a ngaihtuah a bawl a, hizongleh Pathian thu a mang sih hi. Zawlnei Samuel in Saul in a heetsiam diing zawng in a hilhchian a, hizongleh Saul a kisiih tuan sih a, hizongleh suanlam a bawl hi (1 Samuel 15:17-21). Saul in belaam leh bawng hon hoihpenpente ahung tawi in huchia mite'n Pathian kawma sillat a bawl theihna diingun a chi hi.

Hih thumanlouhna sual toh kisai in Pathian in bang soi diingin na ngaihtuah ei? 1 Samuel 15:22-23 in hichiin a chi hi, "Ngaiin, thuman chu kithoihna sangin ahoih jawa, huleh thujop chu belaamtal thau sangin a hoijaw hi. Bangjiah ahiai i chihleh helna chu dawi-ai-saan siamna sual tohbang ahia, huleh engtatna lah milim biahna sual toh a kibang hi." Thumanlouhna sual chu dawithu leh milim biahna sualte tobang ahi. Dawithu chu dawibiahna, Pathian vaihawmna nuai a um sual khawhtah ahi, huleh milim biahna chu Pathian in kidahhuai A sah mahmah sual ahi.

A tawpna ah, Samuel in Saul a thuhilh a, "LALPA thu na nial jiahin, nang zong a kumpi na hih ahung nialta hi" (1 Samuel 15:23). Hizongleh Saul chu chitahtahin a kisiih sh hi. Huchih naahsangin, amah min hoihna diingin, a mite maia zahbawl diingin Samuel a sawl hi (1 Samuel 15:23). Pathian in ahung nual diing sanga lauhhuaizaw bang ahiai? Hizongleh hikh Saul tungah chauh zat ahi sih hi. Eite tunga zong tunia zat ahi. Pathian Thu i man louh uleh, huh sual man i peel thei sih uhi. Hikhu chu i gamte uleh i innkuante uh tungah zong zat ahi.

Etsahna diingin, suaah khat in kumpipa thu a man louh a huleh amah lemheetna a, a gamtat leh, a sual man a piaah diing ahi. Innkuan sungah, ta khat in a nulepate thu a man louh a huleh a vaahmang leh, a nulepate chu bangchituhin a dah diviai? Thumanlouhna in hutobang muanna a suhsiat leh, natna leh gimthuaahna in jui hi. Saul in Pathian thu a man louh jiahin, a zahumna leh thuneihna a mansuah chauh hilou in, hizongleh hagau gilou in a soisa a, huleh a tawpna ah, galphual ah a si a huleh sil dahumtah a tuaahta hi.

Kaina Pathian maia thumanlouhna sualna gah

Siamchiilbu bung 4 ah, Adam tapate nih, Kaina leh Abel i mu hi. Kaina in lou a bawl a, hule Abel in belaam a khoi hi. Hun bangtan ahakhat nungin, Kaina in lei apat a, a sepdoh in Pathian kawmah sillat a nei a, huleh Abel in a belaamte apat a piang masa, leh a thau toh Pathian kawmah sillat a bawl hi. Pathian in Abel leh a sillat tungah deihsahna a mu a, hizongleh Kaina sillat tunga deihsahna A mu sih hi.

Adam Eden Huan apat nohdoh ahih chiangin, Pathian in ngaihdam ahihna diingin gan sisan zangin kithoihna a bawl diing chiin A hilh hi (Hebraite 9:22). Adam in a tapate chu sisan a kithoihna bawl diingin a hilh a, huleh Kaina leh A bel in Pathian in bangtobang kithoihna deih ahiai chih hoihtahin a he uhi. Abel in lungtang hoih a nei a, hujiahin thu a mang a huleh a kihilh bangbangin a bawl a, huleh Pathian in a deihna bangin kithoihna a laan hi. Hizongleh Kaina in, a lehlam ah, amah ngaihtuahna dungjuiin kithoihna a bawl hi, amah lemchan bangbang in. Hikhu jiahin Pathian in Abel kithoihna A pom a, hizongleh Kaina kithoihna a pom sih hi.

Hikhu chu tuni in eite tungah zong a kizang hi. Pathian chu i lungtang, lungsim, leh theihtawp a, hagau leh thutah a i biah chiangun A kipaah hi. Ahihvangin, i lemheetna toh Amah i biah chiangun, huleh i lawhna diing chauh a Khristian kalsuan a i pai uleh, Pathian toh bangmah kisaina i nei sih uhi.

Siamchiilna 4:7 ah, Pathian in Kaina kawmah hichiin A chi hi, "Sil bawl hoih lechin pom nahi sih diai mah? Huleh na bawl hoihlouh inchu sual kotkhaah bulah a lum zing ahi. Na kawm lam adeihjawng ahi diinga, nangma'n atungah thu na nei diing hi." Pathian in Kaina in sual a bawl louhna diingin hilhpil A sawm hi. Hizongleh Kaina in sual a thunun sih a huleh a sanggampa a that hi.

Kaina in lungtang hoih nei hitaleh, a lampite apat in a

164 • Sualna, Dihtatna, Vaihawmna Tungtaang

kiheimang diinga, huleh a sanggampa toh, Pathian lungkimna kithoihna a bawl diinga, huleh buaina bangmah a um sih diing hi. Ahihvangin, a giitlouh jiahin, Pathian deihna kalh in a pai hi. Hikhu in thangsiatna leh tualthahna a piangsah hi, huchu tahsalam natoh ahi, huleh vaihawmna tungin, a tungah haamsiatna a tung hi. A tawpna ah, Pathian in Kaina kawmah hichiin A chi hi, "Na khuta kipana na naupa sisan na saang diinga kam kaah, lei a kipan haamsiat na hita hi; Lei na leh chiangin ahoihna ahung pephal nawn sih diinga; lei tungah vaahvai leh taapvaah nahita diing hi," huleh huhun a kipat in, Kaina chu a tai zing mikhat ahung suaah hi (Siamchiilbu 4:11-12).

Hujiahin, mihing masapen Adam, Kumpipa Saul, huleh Kaina te, hinkhua tungtawn in, Pathian thu manlouh chu bangchituha khawh sual hi a, huleh gawtna leh sawina bangchituha thupi in jui ahiai chih i zildoh uhi. Gingtu Pathina he khat in thu a manlouh leh, huchu Pathian thu manglou ahi. gingtu khat in a hinkhua a lam chinteng a khantouhna gualzawlna a tan louhleh, hukhu umzia chu bangchi zawng ahakhat a, hih Pathian kalha sualna bawl ahi.

Hujiahin, Pathian leh i kala ding sualna baang i suhsiat diinguh ahi. Pathian in Jesu Khrist leh thudih Thu chu mihingte sual jiaha gimthuaahna laha hing kawma hinna dihtah piaahna diingin ahung sawl hi. Hih thudih thu dungjuia i hinlouh uleh, a gah chu sihna ahi.

Hutdamna, kumtuang hinna, haamteina dawnna, huleh gualzawlnate hung tuttu Lalpa thuhilhna dungjuia i hin diing uh ahi. Sualnate sunga um i hikha vaai chih kien zing a, kisiih a, huleh Thu mang a huchia hutdamna bukim i muh theihna diing va thumanlouhna sual i bawllouh diing uh ahi.

Bung 12

"Leitung apat Mihing Ka Suchimit Diing"

"Huleh Pathian in leitunga mihingte gitlouhdaan anasa mahmah chih leh, a lungtang ngaihtuahnate gilou ngen ahi zingzing chih amu a. Huchiin hikhuin LALPA'N leitunga mihing asiam a kisiihsah a, a lungtang asuna mahmah hi. Huleh LALPA'N, Ka mihing siamte leitunga kipan ka sumang diing: mihingte, gantate, khupboh-a vaahte leh tunga leeng vate; ajiahchu amahuh ka siam ka kisiih hi, a chi a. Hizongleh Noah in chu LALPA hehpihna amu hi. Hite chu Noah haahte ahi uh: Noah chu a khanglai huna midih leh hoihbukim ahi a; huleh Noah chu Pathian toh a kithuah veu hi."
(Siamchiilbu 6:5-9)

Bible ah Noah hun laia mihing sualna bangchituha nasa ahiai chih i muthei uhi. Pathian chu nasatahin mihing siamna ah A dah a huleh Tuichim Vaihawmna tungtawn in leitung apat in A suchimit diing a chi hi. Pathian mihing A siam a, A kitonpih a, huleh A lungsiatna luangleet A pia hi, huchi ahihleh bang diinga hitobang a mihingte tunga vaihawmna tungsah ding a diai?

Pathian vaihawmna tunna jiah leh Pathian vaihawmna i peel thei un huleh huchih naahsangin, A gualzawlnate i tangzo diviai chih i suizaw diing uhi.

Migilou leh mi hoih kikal kibatlouhna

Mi toh i hung kihou chiangun, amahuh tungtaang ngaihdan khat i nei thei uhi. Khatveivei a gilou ahih uleh, mihoih ahih uh i he thei uhi. A tamzaw ah, khovel hoih a khanglian a huleh kithuhilhna hoih dongtute'n nungchang nemzaw leh lungtang hoih a nei uhi. A lehlam ah, mite khovel hoihlou a khanglian, sil gilou thudih apat peetkhia tampi mi a huleh tuaahte chu ahung gilou un huleh sualbawltu ahung hizaw utu hi. A dihtahin, khovel hoih khangkhia hizongleh thudihlou lampi a pai mangthang leh a khovel hoihlou uh tunga gualzou leh lohching leh lungsim hoih a um uhi. Hizongleh mi bangzah khovel hoih a khanglian leh siamzilna hoihtah tang a um va, huleh hute tengteng tungah hinkho hoih a hing diingin pan a la viai?

Etsahna diingin mi hoihte i et ut va ahihleh, Siangthou Mari Jesu piangsah, leh a pasal, Joseph i en thei hi. Joseph in Mari toh lumkhawm sih zongleh ahung gaai chih ahung muhdoh in, bang a bawl ei? Hulaia Daan dungjuiin, mikhat angkawm khat suang a sehlup diingin ahung um hi. Ahihvangin, Joseph in milahah a taahdoh sih hi. A kikhaamna uh suhtawp a ut hi. Bangtobang lungtang nei ahiai!

A lehlam ah, migilou etsahna khat chu Absalom ahi. A sanggam kimkhat pa, Ammon, in a sanggamnu a suhsiat chiangun, a lungtang ah phuba laah a sawm hi. Hujiahin hun lemchang a muh in, Absalom in Ammon in a that hi. Huleh a pa, David, hih tungtaang ah, kalh in huatna a siamdoh hi. A tawpna ah a pa kalh in a hel hi. Hih giitlouhna tengteng gah in Absalom hinkhua a dahumtahin a beisah hi.

Hujiahin Matthai 12: 35 in hichiin a chi hi, "Mi hoihin lungtang goubawm hoih apatin sil hoihte ahung ladoha; huleh migilouin a goubawm hoihlou apatin sil hoihlou ahung ladoh jel hi." Mi tampite a diingin, ahung khanlet utoh kiton in, a siltup uh soilouh in, a sungvah giitlouhna a kiphumluut hi. Hun sawtpi paita ah, ahi gige hi sih mahleh, a gam uleh a mite uh diinga sih ngap mi hunkhop a um uhi. Ahihvangin, tuni hun leh khang ah, hitobang mi muh diing a tam sih hi. Giitlouin kitaat niin mahleh uh, mi tampite'n giitlouhna kichi bang ahiai chih a he sih va, huleh a dih ahi uh chia ngaihtuahna nei in a khosa uhi.

Bang jiah Pathian vaihawmna hung tung ahiai

Bible a kigial bangahiai chih ahihlouhleh mihingte khangthu i et chiangin, bangtobang hun hizongleh, mihingte sualna in a tawp a suh huleh a khengval ahung hih chiangin, Pathian vaihawmna khawhtah ahung tung hi. Pathian vaihawm chi thum in a khentheih hi.

Pathian vaihawmna gingloute tunga a tun chiangin, a gam pum ahihlouhleh mimal khat tungah a tung thei hi. Pathian vaihawmna A mite ngei tunga a tun hun zong a um hi. Gam pumpi in sual mihingte paidan taangpe khengval a, ahung kibawl chiangin, gam pumpi ah gimthuaahna thupitah a tung hi. Mikhatin vaihawmna tuntheihna sual a bawl leh, Pathian in amah A suse diing hi. Pathian mite'n sildihlou a bawl chiangun, thunun in a um uhi. Hikhu chu Pathian in A mite A lungsiat jiah ahi; Ama'n ze-etna leh gimthuaahna a tung va tung diing A phalsah a huchia a silbawlkhelh vapat a, a zil va huleh hute apat a kiheina diingun.

Siamtu, Pathian in khovel a mite A etkol meimei hilou in, hizongleh Vaihawmtu bangin mihing in 'a tuh gah a aat' diing A phalsah hi. Nidanga mite'n Pathian a heet masangun, lungtang hoih toh Pathian ana hawl un ahihlouhleh dihtatna ah ana hin sawm uleh, Pathian chu kawm va mangte in khatveivei ava kilaah a huleh Amah A hing hi chih ava hesah hi.

Babulon Lalgam Kumpipa Nebuchadnezzar in Pathian a gingta sih hi, hizongleh Pathian in a mang in sil hung tung diingte A hesah hi. Pathian a he sih a, hizongleh salmatte laha mitungtawngte tengdoh thei diing khopin heetsiamna A neisah hi. Babulon khantouhna toh kisai a hilh va, huleh a lalgam dinmun poimohtahte luah diingin a teel hi. Hih a bawlna jiah chu a lungtang ningkhat ah, pathian tungnung a phaw hi. Huchiin mikhat in Pathian he sih mahleh, lungtang a neih a ahihleh, Pathian in Amah chu Pathian hing ahi chih latsahna diing lampi a mu diing hi, huleh a natoh dungjuiin lawmman A pe diing hi.

A tangpi in, gingloute'n silgilou a bawl chiangun, Pathian in a khawh mahmah ahih louhngal leh A thunun sih diing hi. Hikhu jiah chu sual kichi bang ahih nasan a he sih uhi, huleh Amah toh kisaikhaahna bangmah a nei sih uhi. Hagaulam sil ah zawlta tobang ahi giap uhi. Meidiil ah a luut diing va, huleh amahuh chu mohpaih ahita uhi. A dihtahin, a sualna un a phatawp a suh chiangin huleh midangte tunga siatna nasatah a tut chiangun, huleh mihing bangmah a ngaihlouhna toh a sualna uh a khengval a, a um leh, Amah toh kisaikhaahna bangmah nei sih zongleh uh, amahuh tungah A zahngai tuan sih diing hi. Hikhu jiah ch Pathian chu vaihawmtu mihing zousiah hoihna leh siatna kikal thukhentu ahi.

Silbawlte 12:23 in hichiin a chi hi, "Huleh thakhat in Lalpa angel in amah jep hi, ajiahchu ama'n Pathian loupina a pe sih a, huleh amah chu huut in a ne a huleh a si hi." Kumpi Herod chu gingtulou Jakob, Jesu nungjui sawmlenihte laha khat, thattu ahi. Peter zong suangkul ah ana khum hi. Hizongleh, pathian banga kingaihtuah a, ahung kisahtheih phet in, Pathian in A khoih a, huleh huut in a ne a, huleh a sita hi. Mikhat in Pathian a heet louhleh, a sualna in gamgi a khel leh, hitobang in vaihawmna hutobang a tang diing hi.

Gingtute vai toh kisai bangchi? Israelte'n milimte a biah chiangun, Pathian apat a vaahmang chiangun, huleh gilou chinteng a a bawl chiangun, Pathian a um bangbang un A nuse sih hi. Zawlnei khat tungtawn in A tai in A hilh hi, huleh a ngaihkhiaah louh nalai uleh, a lampite vapat ahung kiheina diingun A gawt hi.

Hebraite 12:5-6 a kigial a bangin, "Huleh hasotna thu, tate hilh banga na kawmva kisoi chu na mangngilhta uhi, Ka ta, Lalpa sawina ngaineep sinla, a taaihilha na umin zong lungke sin; Ajiahchu Lalpa'n a lungsiatte asawi a, huleh ta adeih photmah chu ajeep veu hi," Pathian in A ta deihtahte a gamtatna va a sual chiangun ahung kigolh hi. A thuhilh in A tai a huchi a kisiih va, ahung kinunghei va, huleh gualzawlna hinkhua a tang uhi.

* Mihing giitlouhna a thupi beehseeh jiahin

Pathian vaihawmna leitung a ahung tunna jiah chu mihing gittlouhna a nasat beehseeh jiah ahi (Siamchiilbu 6:5). Hujiahin mihing giitlouhna a thupi chiangin khovel bang a chi ei?

Khatna ah, mite'n, gam pumpi kigawm banga, giitlouhna a kholkhawm hun uh a um hi. Mite chu a gam uh aioh bangin, 'president ahihlouhleh prime minister' hi in ahung um thei un, huleh sual a bawlkhawm thei uhi. Etsahna hoihtah chu minsetah

Nazi Germany leh Holocaust ahi diing hi. Germany gam pumpi Hitler toh Judate suhchimitna diingin a pangkhawm uhi. Hikhu bawldohna diinga a lampi zat uh chu a huham mahmah hi.

Khangthu kichiamteh dungjuiin, Judate maktaduai 6 vel, Germany, Austria, Poland, Hungary, huleh Russia a teengte huhamtaha natohsahna, gawtna, gilkialna, huleh tualthahna tungtawn in huhamtaha thahin a um uhi. Khenkhatte chu huih pindan sungte ah guaahtangin a si va, khenkhatte chu lei kohawm ah a hing a vui in a um va, huleh khenkhatte mihingte kietkhiahna a hingsan a zat a um in sihna mulkimhuaitahin a si uhi. Hujiahin Hitler leh Germany, hitobang giitlouhna nasep bawlte tan diing bang ahiai? Hitler in amah hinna a laah a, huleh Germany chu, a gam minsiatna toh a tawntung a, guallel gam ahung hita hi. A tawp in, a gam chu seh nih, Suahlam leh Tumlam Germany in ahung kikhen hi. Hulaia mite sualna a dim ahihjiahun, Pathian in amahuh suhsiatna diingin thutanna A bawl hi. (Siamchiilbu 6:11-17). Tuichiim tun hun tanah, Noah in vaihawmna hung tung a tangkoupih a, hizongleh a tawp dongin zong amahun a ngaikhe sih uhi. A dihtahin, Noah leh a innkuante kuang sunga a luut tandong un zong, mite'n a neeh un a dawn nalai va, a kiteeng va, huleh nopchetna ah a kibual nalai uhi. Noah soidan dungjuiin, guahzu a muh un zong, bang hung tung diing ahiai chih a he sih uhi (Matthai 24:38-39). Hukhu gahin, mi zouisah Noah leh a innkuante chihlouh tuichiim ah a si bei uhi. (Siamchiilbu bung 7).

Abraham hun laiin zong sual a, a dim jiah va, Pathian in sualna a, a dim jiah va Sodom leh Gomorrah tunga mei leh kaat a vaihawmna hung tung ahihdan Bible a kigial zong a um hi (Siamchiilbu bung 19). Hih etsahnate banah, khangthu ah Pathian in gawtna tuamtuam kialna, zinliing, huleh natna hipi sual a dim chiangin gam pumpi tungah ahung tung hi.

A bana ahihleh mimal khat in, Pathian a gingta in gingtalou hitaleh, giitlouhna a kholkhawm leh, vaihawmna a tan thu ahi, a natoh in a lohdoh dungjuiin amah chu vaihawm in a um hi. Mikhat hinkhua chu a giitlouh jiahin suhdam theih ahi a, ahihlouhleh a sualna khawhdan zil in, a hun tawplam ah sil dahumtah a tuaah diing hi. Ahihvangin, mikhat a sih baih jiahin vaihawmna a tuaah ahi chihna ahi sih hi; ajiahchu Paul leh Peter chihteh hinkho dih zang hizongleh uh thah in a um uhi. A sihna uh chu dihtatna sihnate ahi, hujiahin Vaangam ah, nisa bangin a taang uhi. Hun paisa ah midihtat khenkhat, kumpipa kawm thudih a soi chiang va, a sihna diing uh gu namphu a dawnsah a um, a um uhi. Hitobang dinmun ah, a sihna uh chu thutankhumna jiaha a sihna ahi sih a, hizongleh dihtatna sihna ahi.

Tuni in khovel nasan ah, gam hi in ahihlouhleh mimal hitaleh, mihingte sualna a sang mahmah hi. A pipen in, mite'n Pathian chu Pathian dih khat bangin a gingta sih va, huleh amahuh ngaihdan in a pumdim uhi. Pathian tahloute, milimte nung a delh va, ahihlouhleh Pathian sangin sil dangte a lungsiatzaw uhi. Kitenna ma a lupkhawm chu mi taangpi in a pomta va huleh tokohuuhte'n a kitenna uh daan in a phalsahna diingin pan nasatahin a laah uhi. Hukhu chauh hilouin, damdawi khamtheih a dimta a, kisualna, kimeelmatna, huatna, leh dihtatlouhna chu gamteng ah a um hi.

Matthai 24:12-14 ah khovel tawpna kisoi a um hi, "Huleh sualna apun diing jiahin mi tampite lungsiatna chu ahung daai diing. Hizongleh a tawp donga thuaah zou, hu mi chu hutdamin a um diing. Huleh hi lalgam Tanchinpha chu nam zousiah heetsahna diingin khoveel pumpi ah soiin a um diing; huzohchiangin a tawpna chu ahung tung diing hi." Hikhu tulehtu a i khovel ahi.

Mial laha na din chianga na sapum a niin um na heet theihllouh bangin, khovel a sual a um jiahin, daanbeina ah hing mite a hing va huleh huchi ahihvangin a gamtatna uh chu danbei ahi chih a he sihuhi. A lungtang uh daanbeina a dim ahihjiahi, lungsiatna dih amahuh ah lungsiatna dihtah a um sih hi. Kimuanmohna, ginumlouhna, huleh lungtang natna chi chinteng chu a kithehdalh hi ajiahchu mite lungsiatna ahung khingta hi. Pathian, dembei leh soiselna bei, in hikhu zousiah en meimei thei ahiai?

Mikhat in a ta a lungsiat leh, huleh a naupang ahug vaahmang leh, a nulepa in bang a loh diiai? A nulepa in a naupang kihensah a sawm diinga, huleh naupang a tai diing uhi. Hizongleh naupang in a ngaihkhiah louhleh, a nulepa in a ta kaih lehlehna diingin khih a sawm diing hi. Hizongleh naupang khu in mihing pom theihlouh silte a bawl uleh, a nulepa in a ta chu a paih diing hi. Hikhu chu Siamtu Pathian dinmun toh a kibang hi. Mikhat sualna ahung let beehseeh a huchia ganhingte apat a kikhe sih hi. Pathian in a loh ngaihna a he sih a hizongleh a tung vah vaihawmna A tut hi.

* Mihing giitlouna a let jiahin

Pathian in vaihawmna ahung tunsah chiangin, khovel a sual a nasat taluat jiah mei hilou in, hizongleh mihingte ngaihtuahna a giitlouh jiahin A dah mahmah hi. Lungtang khauh mikhat chu a lungtang giitlouhna a dim zong ahi. Amah chu a duham a, huleh amah lawhna diing chauh a hawl gige a, huleh a hauhsatna muhna diingin bangmahin a khaamthei sih hi, huleh ngaihtuahna gilou a nei gige hi. Hikhu chu gam khat leh mikhat tungah zong a dih hi. Hikhu gingtute a diingin zong a dih hi. Mikhat in Pathian a gintaatna phuangdoh zongleh, Pathian Thu lutang-heetna mei a, a kholkhawm a huleh a natoha a latsah louhleh, amah lawhna diing chauh a hawl zing diing hi, huchiin a loh ngaihna helou in gilou ngaihtuahna a nei gige hi.

Bangjiaha Pathian bia a huleh A Thu ngaikhia i hi viai? A deihzawng i bawl va huleh Pathian in ahung deihna banga midihtatte i hung hihna diing un ahi. Hizongleh "Lalpa, Lalpa," chia kouh tampi a um va, hizongleh A deihna bangin a hing sih uhi. Na bangzah Pathian a diinga bawldoh kichi zongleh uh, a lungtang a giitlouh jiahin, vaihawmna a tang diing uhi; huleh Vaangam a luut sih diing uhi (Matthai 7:21). Pathian thupiaahte leh daante juihlouh chu sual a sim ahi, huleh ginna natoh tellou chu ginna si ahi, huchiin, hutobang mite'n hutdamna a tang thei sih uhi.

Pathian Thu i zaah uleh, gilou i paihmang va huleh hukhu dungjuia i hin uh a ngai hi. Huchiangin, i hagau uh ahung khanlet dungjuiin, lam zousiah ah i hung khangtou diing va; huleh damtheihna gualzawlna zong i tang diing uhi. Hujiahin damlouhnate, ze-etnate huleh gimthuaahnate chu ahung pai sih diing hi. Huleh ahung tun zongleh, hoihna diingin silbangkim in na ahung tongkhawm diinga, huleh gualzawlna diingin hung lemchang ahung suaah diing hi.

Jesu hih khovel a, A hung laiin, mie belaampu lungtang hoihte, Zawlneinu Anna, Simeon, leh midangte'n naungeeh Jesu ana he uhi. Ahihvangin, Pharisaite leh Sadukaite Daan khauhtaha juite leh Daan hilhtute'n Jesu A he sih uhi. Pathian Thu a ana kiphum hi uleh, hoih chu a lungtang vah a um diinga, huleh Jesu ana he in huleh Amah ana pom diing uhi. Hizongleh a lungtang lailung vapat ana kiheng louin, a leptat va huleh a polam a siangthou bang chauh in a kilang uhi. Hujiahin, a lungtang uh a dih sih a huleh Pathian deihzawng a he thei sih va, huleh Jesu a he thei sih uhi. Hujiahin na lungtang hoihna leh giitlouhna bangzah na neih va kinga in, a hung gahdoh chu nasatahin a kikhia hi.

Pathian Thu chu mihing heetna chauh toh mawltah leh chiangtahin a kihilhchian thei sih hi. Mi khenkhatte'n Bible umzia dihtah heetna diingin, mikhat Hebrai leh Grik a zil va huleh a bu masapen apat a hilhchian diing a chi uhi. Huchi ahihleh Pharisaite, Sadukaite, huleh Siampulalte'n bangjiaha Bible hesiam thei lou uh – Hebrai haam a kigial – huleh Jesu bang diinga helou uh? Hikhu jiah ahi Pathian Thu chu Hagau Siangthou thopna toh kigial a huleh mikhat in haamteina jala Hagau Siangthou thopna jalin a hesiam thei chauh hi. Bible chu lehkhalam tungtawn in a kihilhchian mei thei sih hi.

Hujiahin, i lungtang va thudihlouhna, huleh tahsalam utna, mit utna, ahihlouhleh hinkhua a kisahtheihna i neih uleh, Pathian deihzawng i he thei sih va huleh hukhu dungjuiin i gamta thei sih uhi. Mite chu tuni hun leh khang ah gilou mahmah in huchiin Pathian a gingta ut sih uhi; huleh hukhu chauh hilouin, Pathian a gingta kichi mahleh uh, daanbei leh dihtatlouin a gamta uhi. A tomkim a soi in Pathian deihzawng in a gamta sih uhi. Hichibangin ahi Pathian vaihawmna a naita chih i he uhi.

* Lungtang siltup chih a giitlouh gige jiahin

Pathian in vai A hawm a ngai hi ajiahchu mihing luntang siltup chih chu a gilou gige hi. Ngaihtuahna giloute i neih chiangun, hih ngaihtuahnate apat hung piang lunggelte a gilou hi, huleh hih ngaihtuahnate in chu a tawpna ah gilou natohna a tohthou hi. Tuni khotaang ah gilou lunggelna bangzah um ahiai chih ngaihtuah himhim in.

Gamsung a lamkai dinmun poimohtah a umte'n sum tampipi golhguuhna ngen, ahihlouhleh sum suthelthang, huleh kinialna leh kisualna sousangtah ah a luut uhi. Paidan dihloutah zanga mipi laha dinmun neihna, leh sepaih laha minsiatna, leh minsiatna tuamtuam tampi a um hi. Naupang tampi a nulepate neihsa laahsah sawma a thah diing lunggel nei a um hi, huleh ut dandan a zat diing deihna in dihloutaha sum muh diingdan ngaihtuah khanglaite zong a um uhi.

Tuni a naupangte nasan in lunggel gilou a nei uhi. Dawr kaina diinga sum muhna diingin, ahihlouhleh a sil deihtah uh khat leina diingin, a nulepate uh kawmah zuau a soi uhi, ahihleh a guta uhi. Huleh, mi koipouh a amahuh leh amahuh kisuhlungnopna diingin a buai mahmah va, a lungtang siltup chinteng leh a gamtatna chinteng chu a gilou thei hi. Khantouhna in leilam sil a khantouhna tampi ahung tuttouh chiangin, khotaang chu kintahin nopsahna diing hawlna tawndan ah ahung luut hi. Hikhu ahi chet hi tuni a siltung, Noah hun laia khovel a sual a dimlet a, a umna hun bangin.

Pathian vaihawmna pelhna diingin

Pathian lungsiat mite'n huleh hagaulama khangloute'n Lalpa hung kiitna diing a nai mahmahta a chi uhi. Huleh Bible a kigial bangin, hun nunung chiamchihnate, Lalpa'n a soite, chu ahung kilangdoh chiang panta hi. Ginglloute nasan in hun nunung a ding i hita a chi uhi. Thusoitu 12:14 in hichiin a chi hi, "Ajiahchu Pathian in silbawl zousiah vaihawmna ah ahung tawi diinga, a kiphual zousiah, a hoih in a hoihlou hitaleh." Hujiahin a tawpna a naita chih i heet diing uh ahi, huleh sisan luang khopa sual i dou va, huleh gilou a kilang zousiah i paihdoh va huleh i hung dihtat diing uh ahi.

Jesu Khrist pom photmah leh Vaangam a Hinna Lehkhabu a kigial minte zousiah in kumtuang hinna a tang diing va huleh kumtuang gualzawlna a tang diing uhi. A natoh uh dungjuiin lawmman piaah ahi diing uhi, huchiangin khenkhat nisa banga taang dinmun ah koih ahi diing va, huleh khenkhat hapi, ahihlouhleh aahsi banga taang dinmun ah koih ahi diing uhi. A lehlam ah, Laltouphah Ngou Loupi Vaihawmna zoh chiangin a ngaihtuahna lungtang uh giloute, huleh a siltup zousiah gilou leh Jesu Khrist pom utloute, ahihlouhleh Pathian a gingtaloute, Meidiil ah kumtuang in a genthei diing uhi.

Hujiahin, Pathian vaihawmna i pelh ut uleh, Romte 12:2 a kigial bangin, khovel siatna leh giitlouhna a dim toh kithumun a i um louh diing uh ahi. I lungtang uh \i siamthah va huleh i kihen diing uh ahi, huchiin, Pathian hoihna, deihhuai, huleh bukim bang ahiai chi i hechian thei diing va, huleh hukhu dungjuiin i gamta diing uhi. Paul in a phuandoh bangin, " Nitengin ka si," a chih bangin, Khrist a i kituhluut va huleh Pathian Thu dungjuia i hin diing uh ahi. Hichibangin, i hagau cu a khantouh a, huchiin ngaihtuahna hoihte, huleh hoihna in i gamta gige thei uhi. Huchiangin, I hinkhua va lampi chinteng ah i khangtou diing va huleh chidamna hoih i nei diing uhi, huleh Vaangam ah a tawp chiangin kumtuang gualzawlna i tang diing uhi.

Bung 13

A Deihna Kalhin Pai Sin

"Huleh Levi tapa Kohath tapa Izhar tapa Korah leh, Eliab tapate Dathan leh, Abiram leh, Peleth tapa On, Reuben tapate'n mite apuiva: Amah u'chu Israel tate mi langsaal deuh deuh mipi laha houtu vaihawmtua teelte laha mi janih leh sawmngate toh Mosi ma-ah a dingdohva: Huleh Mosi leh Aaron khing diingin a kikhawmta va, a kawmvah, Na kideihthoh talua uh, mipungkhawmte laha michin siangthou chiat ahi ngaalva; huleh LALPA alahvah a um hi: ahihleh bangachia LALPA mipungkhawmte tunga na kikoihtungnung tuam uh ahiai?"
(Kisimbu 16:1-3)

"Huleh hichi ahung hi a, hi thute a soizohtahin a nuaijawn uh lei ahung khikeeh a: Huleh leiin a kam a kaah a, amahuh a valhta hi, a inte u'leh, Korah mite zousiah leh, a neih zousiah u'toh. Amah u'leh a neih zousiah uh ahingtangun leikohawmah akesuh ta uhi, huin leiin a kichihkhuma, mipungkhawmte laha pat abeimang ta uhi..."
(Kisimbu 16:31-35)

Thu i man va, A thupiaahte i juih uleh, huleh dihtatna lampi a i pai uleh, i luut va i pawt chiang uleh, i hinkhua va lam chinteng ah gualzawlnate i tang uhi. A lehlam a, i thumanlouh va hizongleh Pathian deihzawng kalha i din uleh, vaihawmna i tung va ahung tung hi. Huchiangin Pathian lungsiat ta dihtah i hung hi diing va, A deihzawng lungtang tengteng in i mang va, huleh A daante dungjuiin i gamta uhi.

Pathian deihna kalh a i ding chiangin vaihawmna ahnng tung hi

Khatvei mikhat dihtatna lungthahna toh um a um hi. Amah leh a lawmte'n a deihna uh ahung sungkhawm va huleh a gam uh panpihna diingin kiphinna khat ahung ngaihtuah uhi. Kiphinna diing hun ahung naih deuhdeuh chiangin, lawmtate deihna ahung khanglian deuhdeuhta hi. Hizongleh a lawmte lah va mikhat lepchiahna in a gam uh hutdohna diing siltup a lohsamsah veh hi. Hih mikhat dihlouhna in mi tampi siltup hoih sepdohna diing a lohchinlouhna a umsah chu bangchituha dahhuai leh lungzinhuai a tai?

Mizawng khat leh numei khat a kiteeng uhi. Kum tampi, a nih un sum khol in a um uhi. A tawpna ah gam khat ahung lei va huleh hinkhua nuamtahin a hung hing uhi. Huchiangin, thakhat in, a pasal chu lehkhakap leh zudawn ahung zongsang a, huleh a tawpin hahsataha a neih uh gam zousiah ahung kapmangta hi. A zi bangchituha lungkham diing ahiai chih na ngaihtuah thei ei?

Mite kitanauna ah, mite a deihlouh zawng va ahung gamtat chiangun bangchituha dahhuai hi ahiai chih i mu thei uhi.

Hujiahin mikhat Pathian , vaannuai pumpi Siamtu, deihlouh zawnga a pai chiangin bang a chi diai? Kisimbu 16:1-3 na sim a ahihleh, Korah, Dathan, huleh On, mipungkhawmte laha lamkai 250 te toh Pathian deihzawng kalh in ahung thoukhia uhi. Mosi chu a lamkai uh ahi, Pathian amahuh diinga a teel. Mosi toh, Israel suante gamdaai a hinkhua hahsa zou diinga lungsim munkhat a um diing huleh Canaan gam luut diing ahi uhi. Hizongleh hih sil dahumtah ahung tung hi.

Hukhu gah in, Korah, Dathan, leh On, a innkuante utoh, lei ahung khitkeeh chiang a hing in a kivui va huleh a valhta hi. Mipungkhawm lamkai 250 te zong LALPA meikuang in a susia hi. Hikhu bangda tung ahiai? Pathian teel lamkai khat langa din chu Pathian langa din toh kibang ahi.

I niteng hinkhua nasan vah, Pathian langa dinna hun zong a tung veu hi. Hagau Siangthou in i lungtang uh ahung zongleh i ngaihtuahna leh lungdeih toh Amah deihna a kituaah louhleh a kalhin i pai uhi. Amah a hiloua eimah ngaihtuahna toh kitona i pai naah sem leh, Pathian deihzawng kalh in i pai naah sem uhi. Hun hung pai jel ah Hagau Siangthou awging i za thei sih diing uhi. Eimah deihna dungjuia i pai jiahun, hahsatna leh gimna ah i tailuut uhi.

Pathian deihna kalh a pai mihingte

Kisimbu bung 12 ah, Mosi sanggampa, Aaron, leh a sanggamnu, Miriam, te'n Mosi in Kush numei a kitenpih jiaha a soisiatna uh a kimu hi. Amah a dem va, hichiin a chi uhi, "LALPA'N Mosi tungtawn chauh in thu A soi eimah? Eite tungtawn in zong thu A soi sih eimah?" (c.2). Thakhatin,

Pathian lungthahna Aaron leh Miriam tungah ahung tunga, huleh Miriam ahung phaah hi.

Pathian in a nihun A taai a, hichiin A chi hi, "Huleh ama'n, Tuin ka thu ngaiun: Na lahva zawlnei a um leh Kei Lalpa'n kilaahnain a kawmah ka kihesah diinga, a kawmah manglamin thu ka soi diing hi. Ka innsung mite zousiah laha ginum, ka suaah Mosi chu huchibang ahi sih hi. Amah toh chu haamkamin, chiantahin, thuguuh umlouin ka kihou diing va; Lalpa meel batpih a mu diing: huchi ahihjiahin bangchidaana ka suaah Mosi soise ngam na hi viai?" (c. 6-8).

Huchi ahihleh Pathian deihna kalha pai kichi umzia bang ahiai chih, Bible apat etsahna khenkhat en in i en diing uhi.

1) Israelte'n milimte a bia uh

Pawtdoh hun laiin, Israel tate'n Aigupta a tung gawtna sawmte leh a ma va Tuipi San phel nih hung kisuah a mu hi. Chiamchihna leh silmah tampite ana tuaahkha va huchiin Pathian chu Pathian hing ahi chih a heet uh a ngai hi. Hizongleh Mosi Pathian apat Thupiaah Sawmte la diinga ni 40 anngawl a taang tunga a kaltouh laiin bang ana bawl viai? Bawngnou ana siam va huleh a bia uhi. Pathian in Israel chu teel in ana koihtuam a, huleh milim be lou diingin A hilh hi. Hizongleh Pathian deihdan kalh in a gamta va huleh mi sangthum vel hukhu gah in a si uhi (Exodus bung 3:2).

Huleh 1 Khangthu 5:25-26 ah, hichia gelh ahi, "Huleh a pulepate uh Pathian tungah as tasual tava, a mava Pathian in ana-suhchimit a; gammite pathiante juiin huuhna ah a kipeta,; uhi. Huchiin Israelte Pathianin Assyria kumpipa Pul leh, Assyria kumpipa Tilgath-pilneser lungtang atohthou a, huchiin amahuh ava-puimang a, Reubenmite leh, Gadmite leh, Manasseh nam kimkhatte chu apuimang a, huleh amahuh chu Halah leh, Habar leh, Hara ah luipi Gozan tanphain tuni tanin apuimang ta hi." Israelte nohchizuaah bang ahung hih va, Canaan gam pathiante ahung biah chiangun, Pathian in Assyria kumpipa Israel sim diing leh mi tampi sal a man diingin a lungtang uh a khoih hi. Israelte'n Pathian kalha a silbawl un hih siatna a tungsah hi.

Assyriate'n Israel mallam lalgam a suhsiatna jiah uleh Babulon in Judah simlam lalgam a suhsiatna jiah zong milim biahna jiah ahi.

Tuni hun ah, hikhu chu sana, dangka, sumeng, a dangdang a kibawl milim biahna toh kibang ahi. ikhu chu mite'n voh lutang kikhuanmin dohkaan tunga a koih va huleh a pulepate sisa hagaute maia a kuun utoh kibang ahi. Hikhu bangchituh zumhuai hi ahiai mihingte silsiam zousiah laha sangpennte voh sisa huleh gualzawlna a nget uh!

Pawtdohbu 20:4-5 ah Pathian in thupiaah hichia soi ana pia hi, "Milem kheenthuh bang, ahihlouhleh tunglam vaana um aha, nuailam leia um aha, leinuailam tuia um sil bangaha kibatpih mawng mawng na kisiamthuh louh diing ahi. Amahuh ma-a na kuun louh diinga, a naa u'zong na tohsahlouh diing ahi."

Thupiaahte a ngaihsahlouh va huleh a juih louh uleh a tung va haamsiatna tung diingte zong chiangtahin A soi hi. A lungtang va thupiaahte a gelh va huleh a juih uleh gualzawlna a tan diing uh zong a soi hi. Hichiin a chi hi, Kei Lalpa na Pathian, chu sitthusia, pate gitlouhna tate tunga khang thum leh khang li tana ahung mudahte tunga thuh veu leh, hizongleh a sangtelte kawma lungsiat khotuahna langsah in, Kei hung lungsiat leh Ka thupiaahte juite kawmah."

Hujiahin i kiim i et chaingun, milim biahna taangthu nei inkuante hahsatna chi tuamtuam tampi a tuaah uhi. Nikhat, kouhtuam member milim bia a kuun khat in hahsatna a tuaah hi. A kam, a ma a ana paahngai mahmah khat, ahung dangawh a huleh hung se mahmah in huchiin hoihtahin ahung haam thei sih hi. Bangchi nahiai chia ka dot chiangin, suti sungin a inkuante veh in a va hoh a chi a huleh a pulepate uh biahna ngeina a kuun diinga a sawlna uh a nial zou sih a, huchiin amah ava kuun hi. A zingni in, a kam ahung khauh a, a biang lamah a kihei hi. Vangphathuaitahin, Pathian maiah ahung kisiih a huleh haamteina a dong hi. A kam ahung dam a huleh ahung paahngai hi. Pathian in milimbiahna chu siatna lampi ahi chih heetdoh vehna diingin zilmun khat pia in hutdamna lampi ah A pui hi.

2) Pharaoh in Israel pai diing a phal sih

Pawtdohbu bung 7-22 ah hichiin a gial hi, Israel tate, Aigupta a sal a umte'n, Mosi lamkaihna nuai ah Aigupta pawtsan a sawm uhi. Hizongleh Pharoah in a phalsah sih hi, huleh hikhu jiahin siatna nasatah Pharaoh leh Aigupta tungah ahung tu hi. Siamtu Pathian chu mihing hinna leh sihna tunga thunei ahi a, hujiahin koimah Amah deihna kalhin a pai thei sih hi. Pathian deihna chu Israel mipite Pawtdohna ahi. Hizongleh Pharaoh, a lungtang suhtaah, Pathian deihna a hung kigolh ahi.

Hujiahin, Pathian in gawtna sawm Aigupta tungah A tungsah hi. Hu hun laiin a gam pumpi chu bohtel diing ahi. A tawpna ah, Pharaoh in Israel tate a paisah hi, hizongleh ama'n a lungtang huatna a nei hi. Hujiahin, a lungtang ahung heng a sepaihte a delh diingin a sawl hi, A suhphel Tuipi San sung nasan ah. A tawpna ah, Aigupta sepaih midelhtute chu Tuipi San sungah a kelum veh uhi. Pharaoh in a tawpna tan ah Pathian deihna a kalh hi, huchiin a tungah vaihawmna ahung tung hi. Pathian in Amah chu Pathian hing ahi chih tampive a latsah leh, Pharaoh in Pathian chu Pathian Khat leh dih ahi chih a heetdoh diing ahi. A deihna a man diing ahi. Mihingte tehna nasan ah, Israelte a thawn a paisah chu sil bawl diinga kilawm ahi.

Gam khat a diingin gamdang khat suaah a laah veh chu sil dihlou ahi. Hubanah, Aigupta in Joseph, Jakob tapa jalin kialna nasatah a peel thei hi. Kum 400 a paita vangin, Aigupta in Israel chu gam hundohtu ahihna ah bat a nei chih a dih ahi. Hizongleh hamphatna a tan uh thuh kiit naahsangin, Aigupta in natongtu suaah in a koih hi. Hujiahin hukhu bangchituha gilou ahi viai? Pharaoh, thuneihna tengteng nei, chu mikiliansah duhamna a dim ahi. Hujiahi a tawp tondong in Pathian a dou a, huleh A vaihawmna tawpna tan a tang hi.

Tuni a i khotaang vah hitobang mi zong a um uhi, huleh Bible in amahuh vaihawmna in a ngaah hi chiin a hilhlawh hi. Pathian gingta utloute chu siatna in a ngaah hi ajiahchu amahuh heetna kisahtheihna jiahin huleh a ngolte in, "Pathian khoi a um e?" chiin a dong uhi.

Pathian a gingta kichi mahleh uh, Pathian thupiaahte amahuh pilhna leh lungtangkhauhna toh a ngaihsahlouh uleh, midangte toh a kikal va kimuhdahna leh ngeihlouhna a neih uleh, ahihlouhleh kouhtuam lamkai ahih va huleh Pathian lalgam a diinga nasataha tong a, a kisoi va, huleh huchi pum a thangsiatna ahihlouhleh duhamna uh jiah a kiim va umte a lungnopmohsah ahihlouhleh a suhlungthah uleh, Pharaoh toh a kikhiatna uh a um sih hi.

Ei a diinga Pathian deihzawng chu Vaah a um ahi chih he a, mial a i umden uleh, giloute in a thuaah natna tobang i thuaah diing uhi. Hikhu jiah chu Pathian mite A hilhlawh zing a, hizongleh Pathian deihzawng kalh a, a pai utoh kiton a thu ngai louin khovel lam manoh in a pai uhi.

A lehlam ah, mikhat dihtattaha a hin chiangin, a lungtang ahung siangthou a, huleh a lungtang in Pathian lungtang ahung sut chiangin, Pathian maia dihtatna a, a hin leh, ahung haat in ahung chidam diinga, huleh a ze-etna leh gimthuaahna zousiah a bei diing hi. Inn a nit leh, khaulaang, zu, huleh ganhing kidahum zousiah ahung um diing hi. Hizongleh inn a siang a, a siangthou leh, ganhingte a hing thei nawn sih uhi, huleh amahin a mang hi. Hikhu tobang ahi.

Pathian in mihing heemtu guul A haamsiat in, 'a awm in a kitholh diinga, a hinkhua zousiah ah leivui a ne diing' (Siamchiilbu 3:14). Hikhu umzia lei a niin guul in a ne sih diing chihna ahi sih hi. Hikhu hagaulam umzia chu Pathian in meelmapa dawimangpa – guul chiiltu - kawma mihing, leiui a siam, tahsa ne diinga A hilh chihna ahi. Hagaulam ah, "tahsa" chu a kiheng leh mangthang ahi. Hikhu in sihna lampi a pai thudihlou a kawh hi.

Hujiahin, meelmapa dawimangpa in heemna, gimthuaahna, huleh gentheihnate mihing tahsa thudihlou laha sual tungah ahung tungsah a, huleh a tawpna ah sihna lampi ah ahung pui hi. Ahihvnagin, meelmapa chu mi siangthoute sualna bell eh Pathian Thu a hingte kawm naih ah a hung thei sih hi. Hujiahin, dihtatna a i hing uleh, damlouhna, ze-etna, huleh gimthuaahna in ahung taisan diing hi.

Joshua bung 2 ah, mikhat, Pharaoh toh kibanglou in, Jentel khat hizongleh Pathian deihzawng subuching leh a tawpna a gualzawlnate tang khat a um hi. Hih mi chu Rahab Pawtdohna hun a Jericho a teeng ahi. Aigupta a, a hung pawtdoh va huleh kum 40 sung gamdaai a, a vaahleh nungun, Israelte'n Jordan Lui ahung kaan uhi. Jericho kiim ah a kikulh va huleh bangchilaipouha buluh thei diinga kimansa in a um uhi.

Rahab chu Israel mi ahi sih a hizongleh grepgui laha amahuh tungtaang ana zakha hi. Amah lungsim ah LALPA Pathian, vaannuai pumpi thuneitu, chu Israel mite toh A um hi chih a lang hi. Ama'n hih Pathian chu koitobang pathian a jiah bei a khoni ngailou leh huhamtaha mi pawng thah ahi sih chih zong a he hi. Rahab in LALPA Pathian chu dihtatna Pathian ahi chih a heet jiahin, Israel enkhetute phual in ana venbit hi. Rahab in Pathian deihzawng a heet jiahin huchiin A deihzawng subuching diingin a panpih hi, amahnu leh a innkuan zousiah uh Jericho suhsiat ahihlaiin hutdam in a um uhi. I buaina tuamtuam suhvengna muh theihna leh i haamteina dawnna muhtheihna dinmun hagaulam hinkhua a hinna diingin Pathian deihzawng i sepdoh uh eite a diingin a poimoh hi.

3) Siampu Eli leh a tate Pathian thupiaah apat a peetmang uhi

1 Samuel bung 2 ah, Siampu Eli tate chu daanbei mite, Pathian kawma lat diinga kikoihtuam an khoih, huleh Kimuhna Puanbuuh kotkhaah bula natong numeite toh lumkhawm ahi uh chih i mu thei uhi. Ahihvangin, a pa uh, Siampu Eli, in thu toh a taai meimei a, huleh a silbawl hoihluh tawpsahna diingin

bangmah a bawl sih hi. A tawpna ah, a tate chu Philistinete toh kidouna ah a si va, huleh Siampu Eli in a thu a zaah in a touna puuh in huchiin a ngawng a tatbong a huleh a si hi. Eli chu a tate hoihtaha a hilh louhna sual jiahin hichiin a sita hi.

Tuni in eite zong hutobang mah i hi. I kiim a mite tahsa a angkawm mite i muh chiangun, ahihlouhleh Pathian thupiaah juilou i muh chiangun, huleh a dih leh a dihlou hoihtaha hilh loua i um chiangun, Siampu Eli toh i kikhiatna uh a um sih hi. Hitahah, eimah leh eimah i ki-et va huleh bangchizawng ahakhat a Eli leh a tate i bangkha viai chi i et diing uh ahi.

Sawmakhat leh kipaahna thohlawm Pathian a diinga kikoihtuamte mahni deihdan a i zat leh hutoh kibang ahi. Sawmakhat leh thohlawm a kim a i piaah louh chiangun, hikhu chu Pathian apat gu toh kibang ahi, hujiahin haamsiatna i inkote, ahihlouhleh i gam tungah ahung diing hi (Malaki 3:8-9). Huleh, Pathian kawma lat diinga kipekhe photmah chu bangmah toh henglouh diing ahi. Pathian kawma silkhat piaah diinga na lungtang a thupuuhna na laahsa a umleh, na bawl teitei diing ahi. Huleh a hoihzaw khat a na hen gut leh, a niha a masa hileh a nunungzaw hitaleh na piaah diing ahi.

Huleh, pawl lamkai ahihlouhleh a kouhtuam a sumkoltu a pawl sunga pang in kilawm a sahdan membarte hihna man kilakhawm a zat theihlouh ahi. A kizatna diing loua kouhtuam sum zat, ahihlouhleh silkhat bawlna diinga kikoihtuam sum sil danga zat, zong 'Pathian apat gu' laha telkha ahi. Hubanah, Pathian vanneih na khut a kol chu Juda Iskariot banga guuhtaatna ahi. Mikhat in Pathian sum a guuh leh, Eli tapate sualnate sanga lianzaw sualna bawl ahi a, huleh amah chu ngaihdam ahi sih diing hi. Mikhat in hih sual a hoihzaw bangmah helou a, a bawl leh, a kiphuan a huleh a kisiih veh a poimoh hi, huleh ama'n hih sualna a bawl nawnlouh diing ahi. Mite chu hitobang sualnate jiahin haamsiat ahi uhi. Siltung dahhuaitah, tuahsiatnate, huleh damlouhnate a hinkhua vah a hungtung hi, huleh ginna chu amahuh kawmah piaah theih ahi sih hi.

4) Naupang Elisha chiamnuih leh hutobang sil dangte

Elisha chu Pathian suaah silbawltheitah Amah toh kihou leh Amah in A phalsah ahi. Hizongleh 2 Kumpipate bung 2 ah, khanglai honk hat hung pawtkhia in, Elisha juiin huleh amah chiamnuihbawl a um uhi. Amahuh chu a gilou mahmah va khopi sung apat in khopi polam tanpha ah a jui va, "Chiahtou in, lutolpa; chiahtou in, nang lukiupa!" chiin a kikou uhi. A tawpna ah, Elisah in a thuaah zou nawn sih a, huleh LALPA min in a haamsiatta hi, huleh vompi nih gamlah apat in ahung pawtdoh a huleh 42 te a maltel veh hi. Bible in 42 te a si uh chih a gelh jiahin, Elisha va tohbuai naupangte chu husanga tamzotham hi diing ahi uh chiin a ngaihtuah theih hi.

Pathian in A venbit suaah khat apat haamsiatna leh gualzawlna chu amahun a soi bangbang in ahung tung diing hi. A diahin, Pathian mikhat, na chiamnuih, simmoh, ahihlouhleh soisiat leh, hikhu chu Pathian simmoh leh chiamnuihbawl toh kibang ahi. Hujiahin, hikhu chu Pathian deihlouh zawng a pai toh kibang ahi.

Huleh Judate Jesu kross a kilhbelh a huleh A sisan moh a tung uleh a suante uh tunga tung diinga kikoute tungah bang a tung ei? 70 A.D., in Jerusalem chu Rom Sepaih Houtulian

Titus leh a sepaihte in a suse veh uhi. Hu hun a Judate kithatzah chu 1.1 maktaduai ahi. Hukhu zoh in, Judate chu khovel pumpi a kithehdalh va huleh simmohna leh soisatna chi chinteng a thuaah uhi. Huchiangin, Nazite nuaiah khatvei maktaduai guup thah in a um kiit uhi. Na muhtheih mahbangin, Pathian deihzawng kalha helna leh pai in a nungguuh nasatah a tungsah hi.

Elisha suaah, Gehazi, chu hukhu toh dinmun kibang ah a um hi. Elijah, meikuang a dawnna mupa, nungjui khat ahihna ah, Elisha in a houtupa thopna lehnih a tang hi. Hujiahin Elisha tobang a pu natong thei a um chu gualzawlna nasatah ahi. Gehazi in mimaltahin chiamchihna tampi Elisha in a bawl a mu hi. Elisha thusoite ana mang a huleh a hilhnate hoihtaha ana tang hileh, ama'n zong silbawltheihna leh gualzawlna thupitah a mu ve meithei diing hi. Vangsiathuaitahin, Gehahi in hikhu a bawl thei sih hi.

Pathian silbawltheihna jala, Elisha in Aramte sepaih houtulian, Naaman, phaah vei, a suhdam hun khat a um hi. Naaman chu kipaah mahmah in Elisha silpiaah a pe ut hi. Ahihvangin, Elisha in chiangtahin amah a koihkhe nuam hi. Ama'n hichi ana bawl ahi ajiahchu silpiaah sanlouh chu Pathian paahtawina thupizaw ahi.

Hizongleh a pupa deihna hesiam louin, huleh sildeihna in mittawsah in, Gehazi in Sepaih Houtulian Naaman nungdelh in, zuau soi in, huleh a silpiaahte a la hi. A silpiaahte ahung tawi a huleh a phual hi. Elisha in siltung ana he a, huchiin Gehazi kisiihna diing hun a pia a, hizongleh ngoh ahihna a nial a huleh a kisiih sih hi. Hukhu gah in, Naaman phaahna chu Gehazi tungah ahung tung hi. Elisha deihna kalha gamtat mei hilouin, hizongleh hikhu chu Pathian deihna kalha gamtatna ahi.

5) Hagau Siangthou tung zuau soina

Silbawlte bung 5 ah, nupa khat, Anania leh Sapphira, te'n Peter kawmah zuau a soi uhi. Kouhtuam masa a membar ahihna vah, a gam uh zuaah diingin a thupuuh va huleh a sum chu Pathian kawmah a thoh uhi. Hizongleh a khut vah sum chu a tawi tahchiangun, duhamna in ahung manta hi. Huchiin sum bangzah ahakhat a la va huleh zuau a soi va, a bawn a ahi a chi uhi. A nih un a gamtatna jiahun a sita uhi. Hikhu jiah chu mihing kawmah a zuau sih va, hizongleh Pathian leh Hagau Siangthou tungah a zuau uhi. Lalpa Hagua a enkhia uhi.

Etsahna bangzah ahakhat i soita uhi, hizongleh hite banah, mite Pathian deihna kalha a paina uh tampi a um hi. Pathian Daan chu eite gawtna diinga um ahi sih a hizongleh sual kichi bang ahiai chih heetdohna diinga, hute zohna diinga Jesu Khrist silbawltheihna a kinga diinga hung pui diinga, huleh a tawpna a Pathian gualzawlna luanglet muhna diinga hung panpihtu diinga um ahi. Hujiahin Pathian deihzawng toh a kikalhkha ana umkha ei chih etna diinga i gamtatna tengteng i nung et diing uh ahi, huleh huchi ahihleh, i kinunghei va huleh Pathian deihzawng a i gamtat diing uh ahi.

Glossary

Halsiangna leh Pawl

'Halsiangna' chu pindan kium innte suhlumna diing, sil deihlouhte, namsete, halmangna ahihlouhleh silniinte hiitsiangna diinga, a lum kisiamdohna ahi. Bible ah, 'halsiangna' chu Pathian gawtna, vaihawmna, Meidiil, a dangdangte etsahna in a kizang hi. Daniel lawm thumte, Shadrach, Meshach, leh Abed-nego te sana a kibawl Nebuchadnezzer in a bawl lim maiah a kuun ut sih va, huchiin meikuang halsiangna ah paihluut ahi uhi. Ahihvangin, Pathian in panpihna toh, bangmah chi louin a hing in ahung pawtdoh uhi (Daniel bung 3).

'Pawl' chu buhkung, lupna leh ganhing an diing, inntung diing, huleh bawm bawlna diinga kizang ahi. Bible ah, 'pawl' in bangmahlou leh manbei silkhat a ensah hi.

Kiuahsahna bang ahiai?

Kiuahsahna chu midangte ei sanga a hoihzaw a ngaihtuahlouhna ahi a, huleh 'Amahuh sangin kei ka hoihzaw,' chia ngaihtuahna ahi. Hitobang kisahtheihna mikhat a ahung kilatdohna dinmun pipen khat chu mikhat mimalte kithuahkhawmna pawlpi ahihlouhleh lawipawl a, a lupen in a lungsiat leh heetpha chiangin ahi. Pathian in khatveivei paahtaatna piaah A chiing hi huchia mikhat in amaha kisahtheihna a neih a ahihleh a muhdoh theihna diingin.

Kisahtheihna kilatdan laha muhtampen chu midangte vaihawmna leh mohpaihna ahi. Midangte siammoh hung tangsah hagaulam kisahtheihna pai lou diingin Pathian Thu, eimah kietchianna diinga pansan a khauhtaha zuih diing, zangin pilvangtahin i um diing uhi. Hagaulam kisahtheihna gilou lauhhuai mahmah ahi ajiahchu hikhu muhdoh a baihlam het sih hi, hujiahin hagaulama kiuangsah hilou diingin pilvangtahin i um diing uhi.

Bung 14

"Sepaihte LALPA in A Chi..."

> *"'Ajiahchu, ngaiun, haaltuina mei banga kaang diing a ni hung tung diing ahi; huleh mikiliansah zousiah, ahi, giloutaha bawl zousiah chu buhpawl ahi diingva, hu ni hung tungin amahuh a kaangtum diing, huchiin jung leh baa bangmah nutsiat anei sih diing hi, sepaihte Lalpa'n a chi hi. Hizongleh ka min lau nanguh diingin chu dihtatna Ni, a ha-a suhdamna neiin ahung suh diinga; huleh na pawtdoh diingva, gan-inna bawngnou khawi bangin na khang lian diing uhi. Huleh migiloute chu na tuanchil diing uh: hikhu ka bawl ni chiangin amah u'chu na keengphaang nuaiva leivui hi diing ahi ngaalva, sepaihte LALPA'N a chi hi."*
> *(Malachi 4:1-3)*

Pathian in gamtatna chinteng vaihawmna ah a tut hi; sil kiphual zousiah zong, a hoih ahihlouhleh a hoihlou zong (Thusoitu 12:14). Hikhu chu mihing khangthu i et uleh a dih ngei chih i muthei uhi. Mi kiliansah in amah lawhna diing chauh a hawl hi. Midangte a simmoh a huleh hauhsatna neihna diingin giloute a kholkhawm hi. Ahihvangin, a tawp chianga siatna diingin a ngaah hi. A lehlam ah, mi kingaingiam Pathian zahtaat chu a ngol bangin a kilang a ahihlouhleh a tuung in hahsatna a tuaah a, hizongleh gualzawlna thupitah a tang a huleh a tawpna ah mi zousiah zahna a mu hi.

Pathian in mi kisatheite A nual

Bible a numei nih, Vashti leh Esther tehkaah in. Kumpinu Vashti chu Kumpipa Ahasurus, Persia Lalgam kumpipa kumpinu ahi.

Nikhat, Kumpipa Ahasurus in ankuangluina a nei a huleh Kumpinu Vashti ankuangluina a kilang diingin a sawl hi. Ahihvangin, Vashti, a hihna leh a meelhoihna paahtaat tham ching khu a kisahtheihpih a, Kumpipa ngetna a nial hi. Kumpipa, lungthah mahmah in, Kumpinu a dinmun apat a paih hi. Esther, Vashti nung kumpinu dinmun a hung kivawhsang toh a kibatlouhna bang ahiai?

Esther, kumpinu dinmun a hung kivawhsang, chu Kumpipa Nebuchadnezzer lal laia Babulon a Juda sal a mat a, ana um ahi. Esther a meelhoih chauh ahi sih a, hizongleh amah chu a pil in a kingaingiam hi. Hun khat ah a mite'n Amalekmi Haman jiahin hahsatna thupitah a tuaah uhi. Huin, Esther in ni thum sung anngawlna leh haamteina in a zang hi, huleh huchiin a poimoh leh si diing chiin, tupna toh, a kisusiangthou a, huleh kumpi kichei a kichei in huleh kingaingiamtahin Kumpipa ma ah s ding hi. Kumpipa leh midang zousiah ma ma ah hutobang kingaihngiamna toh a gamta a, Kumpipa lungsiatna leh muanna a tang chauh hilouin, himahleh amah mite ngei hutdamna natoh thupitah zong a tongdoh thei hi.

Jakob 4:6 a, a kigelh bangin, "Pathian in kiliansahte A dou a, hizongleh kingaingiamte kawmah khotuahna a piaah hi,"

Pathian in A paihdoh mi kiliansahte i hung hihlouh diing uh ahi. Huleh Malaki 4:1 a, "Kiuangsah zousiahte leh giloubawl photmah paihmang ahi diing uh," chih bangin mikhat in a pilna, heetna, huleh silbawltheihna a hoih ahihlouhleh a hoihlou diinga a zatdan a kinga in, a gah ahung chituam mahmah diing hi. Hikhu etsahna hoihtah chu David leh Saul ahi.

David kumpi ahung hih in, a ngaihtuahna masate chu Pathian tungah ahi, huleh ama'n A deihzawng a jui hi. David chu Pathian in a gualzawl hi ajiahchu amah kingaingiamtahin A ma ah a kuun a, a gam bangchi suhhaat a huleh a mite tunga lemna bangchi umsah diing chiin pilna a hawl hi.

Saul ahihleh, duhawmna a hung dim in huleh kumpi ahihna dinmun mansah a lau a, huchiin a hun tampi David, Pathian lungsiatna leh a mipite lungsiatna tang, thah tum in a buai hi. A kiletsah jiahin, zawlnei taihilhna a ngaikhe sih hi. A tawpna ah, Pathian in A paih a, huleh kidouna phual ah hehpihhuaitahin a si hi.

Hujiahin LALPA Pathian in mi kiliansahte vaihawmna A piaah chih hesiam in, kiletsahna i paihmang veh diing uh ahi. Kiletsahna i paihmang va huleh i hung kingaihngiam uleh, Pathian chu i tungah A kipaah diinga huleh i haamteinate uh hung dawng in i kawmah a um diing hi. Thupilte 16:5 in hichiin a chi hi, "Koipouh a lungtang a kiliansah chu LALPA a diinga huathuai ahi: a khut leh khut kizop mahleh, gawtlouh in a um sih diing hi (KJV). Pathian in lungtang kiliansah A ho mahmah a huchiin mi kiliansah toh kikhutzop chu amah toh gawt ahi diing uhi. Mi giloute migiloute toh a umkhawm jel va, huleh mihoih chu mi hoihte toh a um nuam uhi. Hi kikhuzopna zong, kiletsahna a hung kipan ahi.

Kumpi Hezekiah kisahtheihna

Pathian bangchituha kisatheite hua ahiai chih naitahin i en diing uh. Israel kumpite lahah, tampite Pathian lungsiat leh A deihzawng bawl jui a vaihawm kipan a, huleh hun hung pai jel a hung kiliansah, Pathian deihzawng kalh, leh A thu manglou a um uhi. Hih kumpite laha khat chu Kumpi Hezekiah, Judah lalgam simlam kumpi 13th ahi.

Kumpi Hezekiah, a pa, Ahaz, bana kumpi a hung pang chu Pathian in A lungsiat hi ajiahchu amah a dihtat hi, David bangin. Gamdang maitaamte leh mun sangte a paihmang a, huleh gamsung a munsangte a kaipuuh hi. Pathian in A huat milimte, Asherah khuamsang heipi a, a phuuh chihte apat in a susiang veh hi (2 Khangth 29:3-30:27).

Hizongleh a gam in gamsung thu a, a ma kumpite thumanglou leh dihtatloute jala hahsatna ahung tuaah chiangin, Pathian a kingah leh muan sangin, Kumpi Hezekiah in a kiima gamte Aigupta, Philistinete, Sidon, Moab, leh Ammon kizopna ahung nei hi. Isaiah in Kumpi Hezekiah hun tampi ah LALPA deihna kalh a pai in ngongtahin a gamta chiin a thuhilh hi.

Kisahtheihna a dim in, Kumpi Hezekiah in Israel vauhilhna a ngaikhe sih hi. A tawpna ah, Pathian in Judah a tangin A nusia a, huleh Sennacherib, Assyria kumpi in Judah ahung dou a huleh a zou hi. Hujiahin Kumpi Sennacherib in Judah a zou a huleh 200,000 sal in a man hi. Huleh Kumpi Sennacherib in Kumpi Hezekiah tampi a liausah chiangin, Hezekiah in Biahinn a silte, huleh lal inn a vaan manphate loh in huleh gamsung hauhsatna zousiah zangbei in a piaah hi. Biahinn a vante chu koimohin a khoih louh diing ahi. Hizongleh Hezekiah in sil siangthoute amah heetsiamna toh huleh amah suaahtaatna diinga a piaah jiahin, Pathian in a loutheilou in amah apat in A mai A phualta hi.

Sennacherib in Hezekiah in liausum tampi a piaah nung nasan a zong a vau nalai chiangin, Hezekiah in amah haatna toh bangmah a bawl theih umlou chih ahung hedohta a, huchiin Pathian mai ah a chiah huleh a haamtei a, kisiihin huleh Amah kawmah a kikoudohta hi. Hukhu gah in, Pathian in amah tungah hehpihna A nei a, huleh Assyria a zou hi. Hitobangmahin i innsung, natohna mun, sumhawlna, huleh i innveengte utoh i kal vah, huleh i sanggamte toh i kal vah kithuhilhna i tuaah thei uhi. Mi kiliansah in lungsiatna a tang thei sih hi; hahsatna hun panpihna tan malah in.

Gingtute kisahtheihna

Dawite Pathian gingtu mikhat sungah a luut thei sih hi ajiahchu Pathian in amah a veengbit hi. Ahihvangin, Pathian a gingta kichi mite sunga a luut hun zong a um hi. Hikhu bang a chi um ei? Pathian in kiliansahte langah A ding hi. Hujiahin mikhat in Pathian in A mai A lehheisan khophial a ahung kiletsah chiangin, dawite amahah a luut thei hi. Mikhat hagaulam a ahung kiletsah chiangin, Setan in dawite a luahsah thei a, huleh amah a thunun a huleh silgilou a bawlsah hi.

Dawimatna a umlouh zongleh, gingtu khat hagau ahung kiletsah leh, thudih a tohbuai thei a huleh hukhu jalin ahung lungke thei hi. Pathian Thu a man louh jiahin, Pathian amah toh A umkhawm sih a, huleh silbangkim a hinkhua ah a paihoih sih hi. Thupilte 16:18 a kigial bangin, "Siatna ma ah kisahtheihna a pai masa a, huleh puuhna masang ah hagau kiuangsah," kisahtheihna chu bangmah lamah a phatuam sih hi. A dihtahin, hikhu in natna leh gimthuaahna a tut hi. Hagaulam kisahtheihna chu natna hit a, huleh a bawn a suhsiat diing ahi.

Hujiahin gingtute a kisathei uh chih i he thei diai? Mi kisathei in amah dih in a kingaihtuah a, hujiahin midangte soisiatna hoihtahin a ngai sih hi. Pathian Thu dungjui a gamtatlouh zong kisahtheihna khat ahi, ajiahchu hikhu in mikhat in Pathian a zahlouhna a langsah hi. David in Pathian thupiaah botsia a huleh a sual chiangin, Pathian in naahtahin A tai a, hichiin A chi hi, "Na hung simmoh hi" (2 Samuel 12:10). Hujiahin haamtei lou, lungsiat lou, thumang lou, huleh mikhat mit a singtum um mulou a huleh midang mit niin um muh chu kisahtheihna etsahna ahi veh hi.

Midangte eimah tehna dungjuia vaihawmkhum leh mohpaih a, mahni kiuangsah a, huleh kiphat ut kawma simmoh chu a bawna kisahtheihna ahi veh hi. Kinialna leh kihauna a telna diing hun lemchang chinteng a tawmluut zong kisahtheihna zong ahi. Na kisahtheihleh, midangte'n na na ahung tohsah na ut a huleh a vum a um na ut hi. Huleh, nang lawhna diing na hawl a huleh nang minthangna diing na bawl leh, gilou kholkhawm na hi.

Hinkhua khangtou leh kipaah na neihna diingin hitobang kisahtheihna na kisiih a, huleh mi kingaingiam na hung hih diing ahi. Hikhu jiahin Jesu'n hichiin A chi hi, "Chihtahzetin ka hung hilh ahi, Na lamleet va, naupang neute bang na hung hihlouh uleh, vaan gamah na luut heh sih diing uh," (Matthai 18:3). Mikhat lungtang a, ahung kisahtheih a ahihleh, huleh a diha a kingaihtuah gige a, huleh amah hihna a veengbit sawm gige a, huleh amah ngaihtuahna chauh a deih leh, Pathian Thu ahi bangtahin a pom thei sih a huleh hukhu dungjuiin a gamta hi, hujiahin hutdamna nasan a tang sih diing hi.

Zawlnei tahloute kisahtheihna

Thuhun Lui na et leh, kumpite'n maban a sil hung tung

diing toh kisai zawlneite a dot va, huleh a thuhilhna dungjui va a gamtat uh na mu hi. Kumpi Ahab chu Israel mallam lalgam kumpi sagihna ahi, huleh a sih in, a gamsung ah, Baal biahna a um a, huleh gamdang toh kisai in, Aram toh kidouna a thupi laitah ahi. Hikhu chu Ahab in Zawlnei Micaiah hilhlawhna a ngaihkhiat ut louh jiaha tung ahi a, huleh zawlnei tahlou thusoite a muanzawh jiah ahi.

1 Kumpipate 22 ah, Kumpi Ahab in Judah a Kumpi Jehoshaphat chu Ramoth-gilead Kumpi Aram khut apat a la kiit diinga pangkhawm diingin a zawn hi. Hulaiin, Kumpi Jehoshaphat, Pathian lungsiattu, in thupuuhna bangmah a laah ma a Pathian deihzawng hawlna diinga zawlnei khat dong phot diingin a hilh hi. Huchiangin, Kumpi Ahab in zawlnei tahlou zali vel amah maipha hawlte a koukhawm a, huleh a ngaihdan uh a dong hi. A bawn un Israel gualzohna a soilawh uhi.

Ahihvangin, Micaiah, zawlnei tah in, a guallel diinguh chiin a soilawh hi. A tawpna ah, Micaiah soilawhna chu nelhsiah ahi a, huleh kumpi nihte ahung pangkhawm va huleh Aram toh a kidou uhi. Bang ahung chita ei? Kidouna ahung beia huleh koimah gualzawl a um sih hi. Huleh Kumpi Ahab, a ningneh a um chu kidouna phual apat in guuhpawtna diingin sepaih khat bangin a kisiamlimdang a, hizongleh thaltang leengleh in kapkha a huleh sisan luang in a si hi. Hikhu chu Ahab in zawlnei tahloute thusoi a ngaihkhia a huleh Micaiah, zawlnei tah, soilawhna a ngaikhe sih hi. Zawlnei tahloute leh houtu tahloute'n Pathian vaihawmna a tang diing uhi. Meidiil a paihluut ahi diing va – kaal diil, mei diil sanga leh sagih a sazaw ah (Thupuandoh 21:8).

Pathian in A umpih zawlnei dihtah in Pathian maih lungtang dih a nei hi, huleh huchiin, amah soilawhna dih bawlthei mi ahi. Zawlnei tahloute, a hihna uh a minpu a po meimeite'n, a lungsim va sil umte soilawhna bangin a soi va huleh a gam uh siatna ah a puiluut va, ahihlouhleh a mipite uh a puimang veu uhi. Inkuan, gam, ahihlouh kouhtuam khat kivaipuaahna sungah, mi hoih leh dih khat thusoite i ngaihkhiah va ahihleh, hoihna i juih uh toh kitonin hamuanna i tang diing uhi. Hizongleh migilou lampi i juih va ahihleh, gimthuaahna leh siatna i tang diing uhi.

Kisathei leh gilou a gamtaang mite diinga vaihawmna

1 Timothi 6:3-5 in hichiin a chi hi, "Mi koipouhin thuhilhna dang ahilh a, thutah, i Lalpa Jesu Khrist thu leh, Pathian ngaihsahna lam thuhilhna hoih asahlouhleh; Amah chu a kisathei ahi a, bangma helou ahi; heet malahin kinial leh thukalh lamah angol jota hi; huchibanga kipanin thangsiatna, kinialna, daalna, kiginmohna hoihloute, Lungsim gilou neia, thutah neilou minial haatna bang ahung suaah veu hi; huchibang mite chu Pathian ngaihsah punna-a ngai mi ahi uh; huchibang mi apat kiheemkhia in."

Pathian Thu in hoih zousiah a tuun hi; hujiahin thugin dang a poimoh sih hi. Pathian bukim leh hoih ahihjiahin, A thuhilhnate chauh a dih hi. Ahihvangin, milepchiahte in, thudih helouin, thugin tuamtuamte toh kisai a soi va kinialna bawl in huleh amahuh leh amahuh a kiuangsah uhi. "Kinialna thudotte" a dot uleh, ei chauh dih i hi chiin i nial uhi. "Thusoi a kinialna" i neih uleh, hikhu umzia chu i awte uh sangsah in huleh thute toh i nial uhi. "Enna" i neih uleh, hikhu umzia chu mikhat tungah siatna tut i ut uhi eite sanga amahun lungsiatna tamzaw a don uleh. Mite laha kikhenna umsah kinialna a i kihel leh "kihauna" i umsah uhi. Hitobang a kipoimohsahna i neih uleh, i lungtang uh ahung dih sih a, huleh tahsalam thute i bawlkha uhi – hu Pathian in a huat.

Hujiahin mi kisathei a kisiih louh a huleh a lampi apat a

kiheimang louh leh, Pathian in amah apat in A mai A phual diinga, huleh vaihawmna a tuaah diing. Bangzah in "Lalpa, Lalpa," chiin kikou in huleh Pathian a gingta kichi zongleh, a kisiih louh a huleh gilou a bawl zing leh, Vaihawmna Ni ah, Meidiil meikhuuh ah a dangte toh a paihluut ahi diing uhi.

Pathian lau midihte gualzawlna

Pathian gingta dihtah mikhat in a kisahtheihna leh gilou natohte Pathian lau midihtat khat ahung hihna diingin a suse diing hi. LALPA Pathian lau kichi bang ahiai? Thupilte 8:13 in hichiin a chi hi, "Lalpa lau chu sual huat ahi a: kiletsahna bang, kiuahsahna bang, lampi gilou leh thumanlouh soina kam bang ka hua hi." Gilou i huat va huleh gilou a kilang photmah i paihdoh va ahihleh, Pathian mitmuh a dihtatna a gamta mite i hung hi diing uhi.

Hitobang mite a diingin, Pathian in A lungsiatna kiningching A pia a huleh a tungvah hutdamna, haamteina dawnna, huleh gualzawlnate A pia hi. Pathian in hichiin A chi hi, "Hizongleh ka min lau nanguh diingin chu dihtatna Ni, a ha-a suhdamna neiin ahung suh diinga; huleh na pawtdoh diingva, gan-inna bawngnou khawi bangin na khang lian diing uhi. Huleh migiloute chu na tuanchil diing uh: hikhu ka bawl ni chiangin amah u'chu na keengphaang nuaiva leivui hi diing ahi ngaalva" (Malachi 4:2-3).

Pathian lau leh A thupiaahte juite kawmah, michih tunga kizang bangin (Thusoitu 12:13), Pathian in hauhsatna, zahumna, huleh hinna (Thupilte 22:4) toh a gualzawl hi. Hujiahin a haamteina uh dawnna, suhdamna, huleh gualzawlna a tang uhi, huleh huchiin buaina peel in huleh kipaahna dihtat a tang thei uhi.

Pawtdohbu 15:26 ah, Pathian in hichiin a chi hi, "LALPA na Pathian uh aw nguntaha na ngaihkhiaahva, a mitmuha sildih na bawlva, a thupiaahte-a bil na dohva, huleh a thuguatte na juih u'leh Aiguptate tunga ka hung tut hi natnate na tungvah ka koih sih diing hi: ajiahchu Kei, nang hung sudamtu LALPA ka hi," Hujiahin a lampi ah bangtobang damlouhna hung tung taleh, mikhat Pathian lau in suhdamna a tang diinga huleh hinkhua chidam in a hing diing hi, huleh a tawpna ah, Vaangam a luut diinga huleh kumtuang zahumna leh loupina a tang diing hi.

Hujiahin eimah leh eimah pilvangtaha i kivelchian diing ahi. Huleh kisahtheihna leh gilou a kilang photmah i sung va a um leh, i kissih va huleh hutobang lampi dihlou apat i kiheimang diing uh ahi. A tawpna ah, kingaihngiamna leh natohna toh Pathian lau midihtat i hung hih diing uh ahi.

though
Bung 15

Sualna, Dihtatna, huleh Vaihawmna

"Hizongleh thutah ka hung hilh hi; Ka chiahmang nangu diingin ahoih hi; ajiahchu ka chiahmang louhleh Hamuantu na kawmvah ahung sih diing hi; ka chiah inchu na kawmvah ka hung sawl diing hi. Amah ahung tun chiangin sual thu-ahte, dihtatna thu-ahte, huleh vaihawmna thu-ahte khovel asiamlouh daan ahesah diing hi. Sual thu-ah siamlouh a tangsah diing, kei ahung gintaat louh jiah un. Dihtatna thu-ah siamlouh a tangsah diing, ka Pa kawma chiah a, na hung muh nawn louh diing jiah un."
(Johan 16:7-11)

Jesu Khrist a i gintaat va huleh Amah i Hundampa banga pom diinga i lungtang uh i hon uleh, Pathian in Hagau Siangthou chu silpiaah bangin ahung piaah hi. Hagau Siangthou in piangthah diingin ahung pui a, huleh Pathian Thu hesiam diingin ahung panpih hi. Lampi tampi in nna a tong hi, thudih a hing diinga hung mapui in, huleh hutdamna bukim a hung pui chihte. Hujiahin, Hagau Siangthou tungtawn in, sual kichi bang ahiai, huleh a dih leh dihlou kibatlouhna soi theihdan i heet diing uh ahi. Dihtatna a gamtat diingdan zong i heet diing uh ahi huchia Vaangam i luut va huleh Meidiil vaihawmna i pelh theihna diingun.

Sualna tungtaang

Jesu'n A nungjuite kross a kilhbeh a si diing ahihdan leh nungjuite'n gimthuaahna a tuaah diing uh toh kisai A hilh hi. A thohkiitna leh Vaangam a, A kaltouhna Hagau Siangthou hungna in a juih diingdan, huleh hukhu jala sil limdangte a neih diing zousiah uh hilh in A hasot hi. Jesu kaltouhna chu Hagau Siangthou, Panpihtu sawlna diingin A poimoh hi.

Jesu'n Hagau Siangthou ahung pai chiangin, khovel chu sualna, dihtatna, leh vaihawmna toh kisoi in A vaihawmkhum diing A chi hi. Huchi ahihleh, Hagau Siangthou in "sual tungtaang ah khovel A vaihawmkhum diing," kichi bang chihna ahiai? Johan 16:9 a kigial bangin, "sual tungtaang ah, Kei ahung gintaatlouh jiahun," Jesu Khrist a gintaatlouh ch sual ahi, huleh hikhu umzia chu mite Amah a gingtaloute'n a tawpna ah vaihawmna a tuaah diing uhi. Huchi ahihleh Jesu Khrist a gintaatlouh bangda sual hi ahiai?

Lungsiatna Pathian in A Tapa tang neihsun, Jesu Khrist mihingte Adam thumanlouhna jiaha sual suaah hung hite diinga hutdamna lampi hih khovel a honna diingin ahung sawlsuh hi. Kross a si in, Jesu'n mihingte sualnate zousiah apat in A hundoh a, hutdamna lampi A hong a, huleh Hundampa umsun ahung hi hi. Huchiin, hih thudih a gintaatlouh, he pumpum a, chu sual ahi. Huleh mikhat Jesu Khrist a Hundampa a pomlou in sual ngaihdamna a tang thei sih a, huchiin amah chu misual in a umden diing hi.

Sual tungtaang bang diinga vaihawm ahiai

Silsiam zousiah et meiin Siamtu Pathian a um chih i mu thei uhi. Romte 1:20 in hichiiin a chi hi, "Ajiahchu khovel siam chiila kipana a silmuhtheihlouhte, a kumtuang silbawltheihna leh a Pathianjia natan chiang silsiamah a kilanga, chiantaha muhin a um hi; hujiahin suanlam diing anei sih uhi." Hikhu umzia chu koimah in Pathian a heetlouh jiahun a gingta sih uh chiin suanlam a bawl thei sih diing uhi.

Khutbuh sana neukhat nasan zong mihing a lemkhawmtu leh siamtu beiin amahin ahung kibulhkhawm sih hi. Huchi ahihleh vaannuai limdangtaha kilemkhawm, chu amah a bangchi umkhawm thei ahi diai? Vaannuai pumpi et meiin, mihig in Pathian pathian hihna leh kumtuang silbawltheihna a mudoh thei hi.

Huleh hih ni leh khang ah, Pathian chu Amah in A lungsiat mite tungtawn a chiamchihnate leh silmahte langsahin Amah leh Amah ahung kilang hi. Mi tampite'n tuni in khatvei beeh Pathian, Amah a tahtah ahihjiaha, a gingta diinga mikhat in a chialpi a tuaahkha meithei uhi. Mi khenkhatte'n silmah zong a mukha un, ahihlouhleh a mukhate apat in a zakha meithei uhi. Hih chiamchihnate leh silmahte toh kisai muh leh zaah nung nasan a, mikhat in a lungtang khauh jiaha a gintaat louh leh, sihna lampi ah a pai khong diing hi. Hikhu ahi Pathian Thu in Hagau Siangthou in "khovel chu sual tungtaang ah A vaihawm diing," a chih umzia.

Mite'n tanchinhoih a pom louhna jiah uh chu a taangpi in amahuh lawhna diing delh a sual hinkhua a, a hin jiah uh ahi. Hih khovel chu silbangkim ahi chia ngaihtuah in, Vaangam leh kumtuang hinna a gingta thei sih uhi. Matthai bung 3 ah, Baptisttu Johan chu mite lahah vaan lalgam a naitaah jiahin kisiihna diingin a kikou hi. Huleh hichiin zong a chi hi, "Huleh tuin zong singbul chinah heita koih ahita hi; hujiahin sing chin gah hoiha gah lou photmah chu kiphuuha meia kipaailuut veu ahi" (c. 10) huleh "A khutin a pasiseep atawia, a phual chu ajaap siang tinten diing; huleh a buhte chu a pangah a koihkhawm diinga; Hizongleh asii chu mei mitthei louin ahaaltum diing hi" (c. 12).

Loubawlmi in a tuha, a chiing a, huleh a gah a aat hi. Huchiangin, a buhtang chu buhinn ah a koih a huleh a buhsite a paih hi. Pathian huchibang ahi. Pathian in mihingte A chituh a, huleh Ama'n A ta dihtah thudih a hingte kumtuang hinna ah A pui hi. Khovel a delh va huleh misual a, a umden uleh, Ama'n siatna lampi a pai diingin A nuse meita diing hi. Hujiahin buhtah hung hihna diing leh hutdamna tanna diingin, midihtat i hung hih va huleh ginna toh Jesu Khrist nung i juih diing uh ahi.

Dihtatna tungtaang

Pathian silphatuam bawlsahna nuai ah, Jesu hih khovel ah A hung a huleh sual buaina tampi suhvengna diingin kross ah A si hi. Ahihvangin, Ama'n sihna A zou in, thoukiit in, huleh Vaan ah A kaltou hi, ajiahchu Ama'n sual bulpi A nei sih a, sual A bawl sih a, huleh dihtatna ah A hing hi. Johan 16:10 ah Jesu'n hichiin A chi hi, "...huleh dihtatna tungtaang ah, Pa kawma Ka pai jiahin na hung mu nawn sih uhi..." Hih thute ah umzia kiphuum a um hi.

Jesu'n sual bangmah A neih louh jiahin, hih khovel a, A hungna jiah A supiching thei hi – sihna in a kaan thei sih a, huleh A thoukiitta hi. Thohkiitna gah masa hi in Vaangam neihna diingin Pa Pathian ma ah A chiah hi. Hikhu ah Ama'n "dihtatna"

A chih. Hujiahin Jesu Khrist i pom chiangun, Hagau Siangthou silpiaah i tang va, huleh Pathian tate hung hihna silbawltheihna i tang uhi. Jesu Khrist pomna jalin dawimangpa tate hihna apat in Pathian ta siangthoute hi a hung pianthahna ah i pai uhi.

Hikhu ahi ginna jala "dihtat" chia kouhna jala hutdamna tanna umzia. Hikhu chu hutdamna muhna diing khop silkhat i bawl jiah uh ahi sih hi. Ginna jal chauh in hutdamna i tang va huleh a man bangmah i pe sih uhi. Hikhu jiahin Pathian tungah i nuam gige va huleh dihtatna ah i hing uhi. Sisan luang khop a sual dou a i pan va huleh i Lalpa lungtang sutna diinga i paihmang chiangun Pathian lim i mudoh kiit thei uhi.

Dihtatna tungtaang bang diinga vaihawm ahiai

Dihtatna a i hin louh uleh, gingloute nasan in zong ahung enghou uhi. Ginna chu natoh in a juih chiangin ahung buching hi, huleh ginna natoh tellou chu ginna si ahi (Jakob 2:17). Gingloute'n amah uh muhna apat in vai a hawm un huleh a mohpaih uhi, huchi chi in, "Biahinn kai un na chi va, ahihvangin na dawn va huleh nahzial na teep uhi? Bangchidana sual bawl zing kawm a Khrist nungjui kichi thei na hi viai?!!" Hujiahin, gingtu khat na hihna ah, Hagau Siangthou na tan a hizongleh dihtatna hinkhua a na hin louh a, huchia vaihawmna na tan leh, hikhu ahi Pathian thu in "dihtatna tungtaang a vaihawmna," a chih.

Hikhu dinmun ah, Pathian in Hagau Siangthou tungtawn in Pathian in A ta chu A taihilh in huleh A thunun a, huchia sual hinkhua a, a hin louhna diingin. Hujiahin, Pathian ze-etna leh hahsatna khenkhat mi innsung, natohna mun, sumhawlna munte, ahihlouhleh amahuh a, a tun A phalna jiah chu midihtat ahung hihna diing va nohna diing ahi. Hubanah, meelmapa dawimangpa leh Setan amahuh tunga ngohna a neih jiahin, Pathian in hagaulam daan dungjuia ze-etna A phalsah a ngai hi.

Lehkhagialtute leh Pharisaite chu dihtatna a hing chiin a kimuang uhi ajiahchu Daan hoihtaha he leh khauhtaha juiin a kihe uhi. Hizongleh Jesu'n i dihtatna un lehkhagialtute leh Pharisaite a, a khup louhleh, vaan lalgam i luut sih diing uh chiin ahung hilh hi (Matthai 5:20). "Lalpa, Lalpa" chia kouh chu hutdamna i nei chihna ahi sih. Vaangam i luah theihna diingun i lungtang sungnung vapat Lalpa gintaat a, i sualnate uh paihmang a, huleh dihtatna laha pai a ngai hi.

"Dihtatna a hing" kichi chu Pathian Thu ngaikhiah leh heetna banga lutang a kep chihna meimei ahi sih hi. Hikhu i lungtang va gintaat a huleh A Thu dungjuia gamtatna nei i hung hih uh khu ahi. Vaangam chu milepchiah, suammang, zuauhaat, angkawmte, thangsiatna nei mite, a dangdang in dimtaleh bang a bang diang ngaihtuah in. Pathian in Vaangam a buhsi luutsahna dingin mihingte A chituh sih hi! Pathian siltup chu buhtah - midihtate, Vaangam a laahluut diing chih ahi.

Vaihawmna tungtaang

Johan 16:11 in hichiin a chi hi, '.. huleh vaihawmna tungtaang ah, ajiahchu hih khovel vaihawmtu chu vaihawmkhum ahi." Hitahah, "hih khovel vaihawmtu" kichi in meelmapa dawimangpa leh Setan a kaw hi. Jesu chu hih khovel mihingte sualna jiahin A hung hi. Dihtatna na a subuching a huleh vaihawmna nunungpen A nusia hi. Hizongleh vaihawmna nunungpen chu bawl ahita ajiahchu Jesu Khrist a ginna tungtawn chauh in mihing in sualnate ngaihdamna leh hutdamna a tang uhi.

A gingtaloute chu a tawpna ah Meidiil ah a luut diing uhi,

huchia a thukhenna uh tang zou tobangin. Hikhu jiahin Johan 3:18-19 in hichiin a chi hi, "Amah gingta chu siamlouhtansahin a um sih; hizongleh a gingta lou chu siamlouhtansah zoh ahita, Pathian Tapa tangkhat neihsun min a gintaat louh jiahin.Hichu siamlouhtanna ahi, vaah khovel ah ahunga, hizongleh mite'n vaah saangin mial adeih jaw uh, a silbawlte uh a gitlouh jiah in."

Huchi ahihleh vaihawmna i pelh theihna diingun bang i bawl diviai? Pathian in lungsim-navaah a um a, dihtatna toh gamta a, huleh sual tawpsan diingin ahung hilh hi (1 Korinthete 15:34). Gilou a kilang chinteng apat kihemkhe diingin zong ahung hilh hi (1 Thessalonikate 5:22). Pathian mitmuh a dihtatna a gamta diingin, polam sualnate i koihkhiaah ngeingei diing uh ahi, hizongleh gilou a neupen nasan zong i paihmang diing uh ahi.

Gilou i huat va huleh hoihna a um diinga i kilatdoh leh, sualnate i paihmang thei uhi. "Sual khat nasan paihdoh a hahsat mahmah leh; bangchiin ka sualnate zousiah ka paihmang thei diai?" chiin na dong meithei hi. Hichibangin ngaihtuah in. Singkung khat a zungte a banban a na paihdoh sawm leh, a hahsa tahzet hi. Hizongleh a zungpi na bohdoh sawmleh, a zung neuneute a bawn in amahun ahung pawtdoh diing uhi. Huchimahbangin, sual hahsa penpen na tup masat a ahihleh, anngawlna leh kuhkaltaha haamteina tungtawn in na hih theih hunhun in, sual hihnate zong, h usual khat toh na kaidoh thei hi.

Mikhat lungtang sungah tahsa utna, mit utna, huleh hinkhua kisahtheihna a um hi. Hite chu meelmapa dawimangpa apat a hung gilou chi tampite ahi. Hujiahin mihing in hih sualte amah haatna chauh toh a paihmang thei sih hi. Hujiahin Hagau Siangthou in siangthou hih sawm a panla leh haamtei chu a panpih hi. Pathian chu a panlaahna va a lungkim jiahin, a tungvah khotuahna leh haatna A pe diing hi. Hih sil lite – tung Pathian apat a khotuahna leh haatna, i panlaahnate, huleh

Hagau Siangthou panpihna – in na ahung tohkhawm chiangun, i sualnate i paihmang thei ngei uhi.

Hih sil paitou a um theihna diingin, mit utna i paihmang masat uh a ngai hi. Silkhat a dihlouh leh, i et louh, za louh, ahihlouhleh naih louh a hoihpen hi. Khangdawng nalai khat in lim hoihlou video ahihlouhleh TV ah a mukha hi chi ni. Huchiin mit utna tungtawn in, a lungtang tohthou in a um a, huleh tahsalam lunggulhna lungtang sunga um suhhalh in a um hi. Huchiangin hikhu in khangdawng chu gilou siltup a ngaihtuahsah a huleh hih siltup gamtat a ahung kiheng chiangin, buaina chinteng ahung um hi. Hikhu jiahin eite zousiah a diingin mit utna i paihmang uh a poimoh mahmah hi.

Matthai 5:48 in hichiin a chi hi, "Hujiahin na bukim diing uh ai; vaan a na Pa uh a bukim bangin." Huleh 1 Peter 1:16 in hichiin a chi hi, "Kei ka siangthou bangin nanguh zong siangthou un." Mi khenkhatte'n hichiin a dong meithei uhi, "Mikhat Pathian bangin bang a chi bukim in a siangthou thei diai?" Pathian in siangthou leh bukim diingin ahung deih hi. Huleh ahi, hikhu eimah haatna toh i tondoh thei sih hi. Hizongleh hikhu jiahin Jesu'n kross A pua a, huleh hikhu jiahin Hagau Siangthou, Panpihtu, in ahung panpih hi. Mikhat in Jesu Khrist pom a, a kisoi a huleh "Lalpa, Lalpa,' chia Amah a kouh bangin, hikhu chu Vaangam ah a luut diing chihna ahi sih hi. A sualnate a paihmang a huleh vaihawmna pelhna diing leh Vaangam luutna diinga dihtatna hinkhua a, a hin diing ahi.

Hagau Siangthou in khovel A siamlouhtan

Huxhi ahihleh Hagau Siangthou bang diinga sual, dihtatna, huleh vaihawmna tungtaang a khovel siammohtan diinga hung ahiai? Hikhu jiah chu khovel chu gilou a dim ah. Silkhat a guanggalh chiang bangun, a bul leh a tawp a um hi. Tuni a khovel a chiamchihna tuamtuamte i et leh, a beina diing a naita chih i muthei uhi.

Siamtu Pathian in mihing khangthu chu a bul leh tawpna toh kisai in tup kichiantah toh A enkai hi. Bible a sil kitawldan i et uleh, a hoih leh hoihlou kikal kibatlouhna chiangtah a um hi, huleh sual in sihna a tut a huleh dihtatna in kumtuang hinna a tut chih chiangtaha kisoi a um hi. Pathian a gingtate a diingin, Pathian in amahuh A gualzawl a, A umpih hi. Hizongleh Amah a gingtaloute'n a tawpna a vaihawmna a tuaah va huleh sihna lampi ah a pai uhi. Pathian vaihawmna chu hun sawtpi apat in a um meimei sih hi (2 Peter 2:3).

Noah hun laia Tuisanglet Thupitah bangin, huleh Sodom leh Gomorrah Abraham hunlai a, a siatna bangin, mihing giitlouhna in a phatawp a suh chiangin, Pathian vaihawmna ahung tungsuh hi. Israelte Aigupta apat suahtaatsah ahihna diingun, Pathian in Aigupta tungah gawtna sawm A sawlsuh hi. Hikhu chu Pharaoh kiuahsahna jiaha vaihawmna tung ahi.

Huleh kum sangnih vel paita a, Pompeii chu tatleehna leh siatna a ahung dihlouh mahmah chiangin, Pathian in mualpawh toh A susia hi. Pompeii chu tuni a i va veh leh, a khopi chu taangpawh leivui suhsiat ahihlai bangbang a kikembit in a tuam a, huleh khatvei et zual in, a hun laia a siatdan muh theih in a um hi.

Thuhun Thah ah zong, Jesu'n khatvei milepchiah lehkhagialtute leh Pharisaite chu 'Na tunguh a gih' chih sagihvei lam in A taihilh hi. Khovel chu vaihawmna leh Meidiil a, a luut diing apat kepbitna diingin khovel chu siamlouhtansah leh kepbit diing ahi.

Matthai bung 24 ah, nungjuite'n A hung kiitna diing leh hun

tawpna chiamchihnate a ngen uhi. Jesu'n a kawmvah a bukim in A hilhchian a hichiin A soi hi a um ngeilou sawina ahung tung diing hi. Pathian in hung paisa a ana bawl bangin vaan kotkhaah hong in huleh tui ahihlouhleh meikuang ahung leihbo sih diinga, hizongleh vaihawmna hun toh kituaah in ahung tungsah diing hi.

Thupuandoh bu in galvan hoih mahmah ahung kilang diing chih ana soilawh hi, huleh kidouna nasatah geel phaahlouh apat siatna nasatah ahung tung diing hi. Tuin Pathian in mihing chituhna ana guanggalh aung bei diinga, Vaihawmna Thupitah ahung tung diing hi. Huleh a ni ahung tun chiangin, michih kumtuanga Meidiil ahihlouhleh kumtuang a Vaangam a, a um diing uleh um louh diing uh thukhenna a um diing hi. Huchi ahihleh tuin bang i chi hin diviai?

Sual paihmang inla huleh dihtatna hinkhua in hing in

Vaihawmna i pelhna diingun, i sualnate uh i paihmang va huleh dihtatna a i hin diing uh ahi. Huleh a poimohzaw chu michih loubawltu inlou a let banga Pathian Thu toh i lungtang uh i let diing uh ahi. Lampi gei, suangphom lei, huleh ling lei i leh va huleh lei hoih a i hen diing uh ahi.

Hizongleh khatveivei, "Pathian in gingloute bangda bangmah loh lou a, huleh kei, gingtu, tunga hutobang hahsatna A phalsah ahiai?" chiin limdang i sa meithei hi. Hikhu jiah chu, paah bawh khat a zung umlou a polama a kilawm a hizongleh a tahtah a hinna a neihlouh bangin, gingloute chu vaihawmna maiah a dingzouta va huleh Meidiil ah a pai diing uhi, huchiin thunun a ngai sih uhi.

Pathian in ahung thununna jiah chu, eite A ta dihtahte, zawlta hilou, i hih jiah uh ahi. Hujiahin, Ama'n ahung thunun jalin i kipaahzaw diing uh ahi (Hebraite 12:7-13). Nulepate'n a tate a lungsiat jiah uleh lampi diha a pui utna jiahun, chiang zatna diing mun hizongleh, a thunun bangun, Pathian tate i hih jiahun, a poimoh chiangin, Pathian in hutdamna a ahung puiluutna diingin hahsatna khenkhatte A phalsah hi.

Thusoitu 12:13-14 in hichiin a chi hi, "Thu pumpi suhtawpna chu i ngaikhe diing uh: Pathian lauin, huleh a thupiaahte jomin; ajiahchu hikhu mihingte bawl diing pumluum ahi. Bangjiahin ahiai i chihleh Pathian in silbawl chinteng, ahoih hiin, asia hitaleh, sil kiphualgu chinteng vaihawmna ah a poluut diing hi. (KJV). Dihtattaha hin kichi umzia chu i hinkhua va mihing mohpuaahna zousiah sepdoh chihna ahi. Pathian Thu in haamtei diinga ahung hilh jiahin, i haamtei diing uhi. Ama'n Lalpa Ni kem siangthou diinga ahung jiahin, i kem siangthou diing uh ahi. Huleh vaihawm lou diinga ahung hilh chiangin, vai i hawm sih diing uhi. Huchia bawl in, A Thu i juih a huleh hu dungjuia i gamtat leh, hinna i tang va huleh kumtuang hinna lam manoh in i pai uhi.

Hujiahin, hih thusoite zousiah i lungtang vah 1 Korinthete bung 13 a kisoi hagaulam lungsiatna, Hagau Siangthou gah kuate (Galatiate 5:22-23), huleh Hamphatna gualzawlnate (Matthai 5:3-12), suang diinga na gelh uh ka kinem hi. Huchia bawl in hutdamna na tan mei uh hilouin hizongleh Pathian tate vaan lalgam a nisa banga taang na hung hih chu Lalpa mina ka haamteina ahi.

A Gialtu
Dr. Jaerock Lee

Dr. Jaerock Lee chu Muan, Jeonam Province, Republic of Korea ah 1943 kum in a piang hi. Kum sawmnih ahihnungin, Dr. Lee chu suhdamtheihlouh natna tampi kum sagih sung a thuaah a, huleh damdohna diing kinepna um lou in sih diing ngaah in, a um hi. Kum 1974 in khokhal laiin ni khat a sanggamnu'n biahinn a pui hi huleh khupdin a, a thum chiangleh, Pathian Hing in a natna zousiah apat in a damsah veh hi.

Hutobang siltuaah toh Dr. Lee in Pathian Hing a muh toh kiton in ama'n Pathian a lungtang leh a chihtahna zousiah toh a lungsiat a, huleh 1978 kum in Pathian suaah diinga kouh in a um hi. Ama'n Pathian deihzawng kichiantaha a heettheihna diing leh a suhbichintheihna diing leh Pathian Thute a man veh theihna diingin chihtahtahin a thum hi. 1982 kum in, Manmin Central Church, Seoul, Korea ah a phutdoh hi, huleh Pathian natohna simseenglouh, limdangtaha suhdamna leh silmahte zong tel in, a biahinn ah a tung hi.

1986 kum in, Dr. Lee Annual Assembly of Jesus' Sungkyul Church of Korea ah pastor a ordained ahi a, huleh kum li zou in 1990 kum in, a thusoite Australia, Russia, Phillipines leh a dang tampi a Far East Broadcasting Company, Asia Broadcast Station, leh Washington Christian Radio System tungtawn in hahdoh ahi.

Kum thu zohin 1993 kum in, Manmin Central Church chu Christian World magazine in (US) in 'World's Top 50 Churches (Khovel a Kouhtuam Lian 50 te)' laha khat in a teldoh hi huleh ama'n Honorary Doctorate of Divinity, Christian Faith College, Florida, USA apat a ngah hi, huleh 1996 kum in Kingsway Theological Seminary, Iowa, USA ah Ph. D in Ministry a la hi.

1993 apat in Dr. Lee in tuipi gaal lam gamte, Tanzania, Argentina, L.A., Baltimore City, Hawaii, and New York City of the USA, Uganda, Japan, Pakistan, Kenya, the Philippines, Honduras, India, Russia, Germany, Peru, Democratic Republic of the Congo, Israel leh Estonia a crusade a bawlna tungtawn in world mission ah lamkaihna a la hi.

2002 kum in amah chi "khovel pumpi tohhalhtu" chiin Korea a Khristian tanchinbu liante'n tuipigaal a, a chialpina tuamtuamte a a natohna sibawltheitah jiaha chih in a um hi. A diaahkhol in, a New York Crusade 2006,' Madison Square Huan, khovel-minthangpen kikhopna mun a um chu, gam 220 ah hahdoh in a um a, huleh a

'Israel United Crusade 2009' International Convention Center (ICC), Jerusalem a um ah Jesu Khrist chu Messiah leh Hundampa ahi chiin hangsantahin a phuangdoh hi

A sermonte chu huihkhua khawl, GCN TV tel in, gam 176 ah hahdoh in a um a huleh amah chu 2009 leh 2010 kumte a Khristian Lamkai Minthangpen 10 te lah ah khat in Russia Khristian tanchinbu minthang mahmah In Victory leh agency thah Christian Telegraph in a TV hahdohna natohna leh tuipigaal kouhtuam-kepna natohna jalin a koih ahi.

December 2016 tan ah, Manmin Central Kouhtuam in kouhtuam membar 120,000 vaal a nei hi. Gamsung leh tuipi gaal ah kouhtuam 11,000 khovel pumpi huap in a nei a, hu lah ah kouhtuam kahiang 56 Korea khopilian tuamtuam ah a um hi, huleh missionary 102 valte gam 23, United States, Russia, Germany, Canada, Japan, China, France, India, Kenya, leh adang tampi telin a sawldoh hi.

Hi lehkhabu kisuahdoh hun tan in, Dr. Lee in lehkhabu 85, a kizuaahdohtampen (bestsellers) Sih Ma A Kumtuang Hinna Cheplawhna (Tasting Eternal Life Before Death), Ka Hinkhua Ka Ginna I &II (My Life My Faith I&II), Kross in a Thusoi (The Message of the Cross), Ginna Buuhna (The Measure of Faith), Vaangam I &II (Heaven I & II), Meidiil (Hell, Israel Khanglouin (Awaken Israel!) huleh Pathian Silbawltheihna (The Power of God), tel in a gial hi. A lehkha gelhte haam 76 valin lehdoh ahi.

A Khristian thugelhte, The Hankook Ilbo, The JoongAng Daily, The Chosun Ilbo, The Dong-A Ilbo, The Hankyoreh Shinmun, The Seoul Shinmun, The Kyunghyang Shinmun, The Korea Economic Daily, The Korea Herald, The Shisa News, leh The Christian Press ah ahung tuang hi.

Dr. Lee chu tu leh tu in missionary pawl leh pawlpi tampi ah, A Lu (Chairman), The United Holiness Church of Jesus Christ; Lamkailian (President), Manmin World Mission; Lamkailian Hi Tawntung (Perma nent President), The World Christianity Revival Mission Association; Mudohtu (Founder) & Board a, a lu (Chairman), Global Christian Network (GCN); Mudohtu (Founder) & Board a, A lu (Chairman), World Christian Doctors Network (WCDN); leh Mudohtu (Founder) & Board a, A lu (Chairman), Manmin International Seminary (MIS)te hihna a tu hi.

www.ingramcontent.com/pod-product-compliance
Lightning Source LLC
LaVergne TN
LVHW021809060526
838201LV00058B/3304